Les Uniformes
de l'Armée Française
de 1660 à 1845

ILLUSTRATIONS
Charles VERNIER

TEXTES
Colonel (e.r) Paul WILLING
Ancien Conservateur au Musée de l'Armée
Vice-Président de la Sabretache

Les Uniformes de l'Armée Française de 1660 à 1845

Préface du Général (c.r) Bertrand de LAPRESLE
Gouverneur des Invalides

Editions Charles Hérissey
15, rue Saint-Thomas -27000 Evreux

Il a été tiré 55 exemplaires,
numérotés de 1 à 55,
constituant l'édition de luxe

Exemplaire n°

© 2000 - Editions Charles Hérissey – 27000 Evreux
ISBN 2-914417-00-4

PREFACE

En ma qualité de Gouverneur des Invalides, j'ai le quotidien privilège de manifester la chaleureuse reconnaissance et la fraternelle considération de la Nation aux quelques cent vétérans, blessés au service des armes de la France, accueillis aujourd'hui à l'Institution Nationale des Invalides. Au cœur de l'Hôtel National des Invalides, l'Institution Nationale des Invalides reste en effet fidèle à la vocation que lui assignait son illustre fondateur, le Roi Soleil, voici plus de trois siècles.

Par un édit d'avril 1674, ce dernier prescrivait de « construire un hostel royal d'une grandeur et espace capables d'y recevoir et loger tous les officiers et soldats tant estropiés que vieux et caduques, et d'y assurer un fonds suffisant pour leur subsistance et leur entretenement ».

Et depuis cette royale décision, l'Hôtel des Invalides n'a jamais failli au devoir de reconnaissance, d'hospitalité et de soins qu'il remplit envers ceux qui se sont sacrifiés au service du Royaume, de l'Empire, ou de la République.

Au fur et à mesure qu'a décru le nombre des soldats invalides, des espaces se sont libérés et des musées se sont installés dans l'Hôtel, de sorte qu'aux acteurs vivants de notre histoire militaire contemporaine que demeurent les actuels pensionnaires de L'Institution Nationale des Invalides sont venus s'ajouter les souvenirs et les reliques du passé. C'est ainsi que le Musée de l'Armée, implanté depuis près d'un siècle dans l'Hôtel des Invalides, présente une très riche collection d'uniformes de différentes composantes de l'Armée française, de leur création à nos jours. Le visiteur intéressé pourra donc y admirer tel ou tel des « uniformes de notre armée de 1660 à 1845 » présentés dans ce magnifique ouvrage.

Les soldats invalides sont d'ailleurs, semble-t-il, les premiers à qui le Roi de France ait souhaité attribuer, à défaut d'un costume spécifique, un signe particulier permettant de reconnaître « les gentilshommes, capitaines et soldats estropiés pour son service ». Longtemps avant l'apparition des uniformes dans les armées royales, Henri IV prescrivait en effet que ces braves, grièvement blessés « en lui faisant service », « portent sur leur manteau, pour ordre, une croix de satin blanc, brodée de bleu, avec un écusson rond de velours bleu au milieu brodé de blanc, dans lequel il y aura une fleur de lis de satin orangé ».

Héritiers de ces premiers Invalides, les pensionnaires d'aujourd'hui revêtent pour les cérémonies un uniforme qui ne rappelle que de loin ceux qui sont reproduits sur la planche 54 de ce livre. Mais nul doute que parmi les dizaines de milliers de Pensionnaires qui ont été accueillis aux Invalides depuis la fondation de l'Hôtel, et notamment parmi les quelque quatre mille que Louis XIV y recevait dès octobre 1674 au son des fifres et des tambourins et sous les acclamations d'une foule enthousiaste, nombreux furent ceux qui durent échanger contre l'uniforme de leur nouvel état, le costume chamarré, si minutieusement reproduit dans telle ou telle planche de cet ouvrage, de leur régiment de Hussards, de Carabiniers, ou de Mousquetaires de la Maison de Roi.

Et si les pierres de l'Hôtel National des Invalides d'aujourd'hui, ou les piliers de l'Eglise des Soldats qui constitue encore l'âme de cet Hôtel, pouvaient parler, ils nous décriraient certainement aussi fidèlement que le font les remarquables tableaux de ce livre, les uniformes des Dragons, Cuirassiers, Lanciers, Chasseurs ou Tirailleurs qui venaient rendre visite à leurs frères d'armes, écouter le récit de leurs campagnes, et leur narrer leurs propres exploits.

Telle est la première raison qui m'a incité à accepter d'emblée l'honneur que me proposait Charles Hérissey, de préfacer ce superbe livre dont il a fort pertinemment souhaité la réédition, rendue possible sans altération de l'exceptionnelle qualité du document d'origine grâce aux techniques de reproduction les plus modernes. Mieux encore, il a obtenu le concours de l'éminent expert en histoire militaire qu'est le Colonel Willing, qui fut d'ailleurs longtemps un précieux collaborateur de la direction du Musée de l'Armée. Ce dernier a su, de manière remarquable, associer à chaque planche les explications, anecdotes et commentaires qui faisaient défaut dans l'édition originale, et qui enrichissent les rêves que nous suggère la contemplation des uniformes présentés.

 Mais une deuxième raison doit être avancée.

Alors que nos armées se professionnalisent, que la mondialisation se développe, que la conscription vit ses dernières heures, que nos forces armées se concentrent sur des missions de projection hors du théâtre national, et que l'Europe de la Défense prend progressivement forme, il est à craindre que ne se distende le lien vital entre l'Armée et la Nation.

Pour éviter cet écueil aux enjeux existentiels pour notre pays, diverses initiatives se développent : l'éducation citoyenne à l'esprit de défense est désormais mise à l'honneur, et le devoir de Mémoire prend une importance nouvelle, tandis que vient de se créer, au sein du ministère de la défense, une Direction de la Mémoire, du Patrimoine et des Archives.

Le livre qui nous est proposé me semble une contribution aussi originale que prestigieuse à ce devoir de Mémoire. A travers les silhouettes de chaque planche, il évoque en effet une diversité et une richesse de thèmes qui couvrent près de deux siècles de notre histoire nationale, souvent écrite avec le soutien de nos armes, à quelque subdivision qu'elles appartiennent.

Et cette évocation est représentée avec tant de finesse, de talent et de précision que nos imaginations s'enflamment, et nous font revivre tel épisode de notre Histoire de France appris dans notre enfance, ou telle situation décrite dans le roman historique que nous venons de lire. Au fil des pages de ce précieux mémorial, nous revivons ainsi comme en rêve les victoires de Condé à Nördlingen ou de Turenne aux Dunes, le triomphe du maréchal de Saxe à Fontenoy, l'enthousiasme des héros de Valmy et des armées de la Révolution, la légende du petit tambour d'Arcole et celle de l'épopée napoléonienne, les fastes de la Restauration, le sacrifice des quelques soixante légionnaires de Camerone, et quelques années plus tard la charge désespérée de Reichshoffen…

Gouverneur des Invalides, je suis soucieux que se développe le devoir de Mémoire sans l'exercice duquel l'Histoire ne peut s'écrire de façon objective, et grâce auquel nos Grands Blessés de Guerre continuent à bénéficier de la juste reconnaissance de la Nation . J'aspire aussi à ce que ce devoir de Mémoire contribue à nourrir le cordon ombilical qui ne doit pas cesser de relier la Nation à ses armées. Et il me semble que le splendide ouvrage que nous avons désormais entre nos mains répond à cette double attente.

Un merci donc très chaleureux et sincère à son éditeur.

Je suis en effet convaincu que ce livre fascinera de nombreux lecteurs passionnés par « la chose militaire » selon la belle expression du Comte de Guibert, et qu'il stimulera en outre les ambitions de gloire de tous les jeunes tentés par la vocation militaire » et le service des armes de la France pour la cause de la paix en Europe et dans le monde.

Général d'armée (cr) Bertrand de Lapresle,
Gouverneur des Invalides

COSTUMES DE L'ARMEE FRANÇAISE.
Maréchaux et Lieut.^{s} Généraux.

Ch. Vernier

Chez Aubert Pl. de la Bourse.

Imp. d'Aubert & Cie

1680.	1760.	1780.	1794.	1810 – 45.	1810 – 45.
(Louis XIV.)	(Louis XV.)	(Louis XVI.)	(République)	(Empire & époque act^{e})	(Empire & époque act^{e})
(Maréchal.)	(Maréchal.)	(Maréchal.)	(Général en Chef.)	(Maréchal.)	(Lieut. Général.)

Maréchaux et Lieutenants-Généraux

L'histoire du maréchalat de France est, sous son aspect le plus noble, l'Histoire même de la France. Au cours de neuf siècles, les trois cent trente-huit grands officiers militaires – nos maréchaux de France depuis l'an 1047 – ont, entre tous, contribué à l'édification de la France, à sa grandeur, au maintien de ses plus hautes vertus, à sa défense enfin.

De même que le connétable, dont le nom est d'origine romaine, le maréchal, nom d'origine anglo-normand, est au temps de la féodalité ; une charge à laquelle le Roi confie le soin de veiller à tout ce qui concerne la "Chevalerie".

Pendant l'Ancienne Monarchie, les maréchaux de France n'ont pas seulement à assurer le commandement des armées, le gouvernement des provinces ou les ambassades, mais ils exercent aussi ; dans le royaume, la garde de l'honneur. Jusqu'à la Révolution, en effet, les affaires d'honneur sont confiées au tribunal des maréchaux. Prenant rang immédiatement après les princes, les maréchaux reçoivent de Henri II le qualificatif de "Cousin". Parmi les maréchaux les plus glorieux de la monarchie, l'on ne peut pas manquer de citer, entre autres, Turenne, Luxembourg, Villars, Vauban, Saxe et Rochambeau.

La dignité de maréchal est supprimée en 1792 et le commandement des différents théâtres d'opérations : Nord, Rhin, Helvétie, Italie etc. sera confié à des Généraux de division portant le titre de Commandant en Chef.

En 1804, Napoléon rétablit ce que la Convention avait supprimé douze ans plus tôt. Il forge un nouveau maréchalat en le grandissant, en le comblant d'honneurs, de titres de noblesse et de richesses. Les maréchaux de l'Empire, appelés comme autrefois "Monseigneur", seront en tout 26 entre 1804 et 1815.

Dix-huit d'entre eux sont faits princes et ducs, dont deux seront couronnés roi et trois tués au combat. Parmi ces géants de la gloire, citons : Berthier, Murat, Masséna, Lannes, Ney, Davout et Bessières.

Neuf maréchaux de France sont créés sous la Restauration et autant par Louis-Philippe. Napoléon III élèvera encore quinze officiers généraux à cette dignité mais lorsque le dernier d'entre eux, Canrobert, meurt en 1895 il n'existera plus aucun maréchal de France avant 1916, lorsque le Président de la République remet son bâton à Joffre, le vainqueur de la Marne.

L'insigne de fonction qui caractérise les maréchaux de France et de l'Empire est le bâton de commandement qu'ils tiennent à la main et dont la date d'apparition est difficile à fixer. Réglementé depuis 1758, ces bâtons d'environ 50 cm de long sont désormais toujours recouverts de velours de soie bleu de France avec embouts de vermeil. Sur l'embout supérieur est gravée la devise : *Terror Belli Decus Pacis* (Terreur de la guerre, honneur de la paix).

Le corps du bâton est semé, suivant les régimes successifs, de fleur de lys, d'aigles impériales ou de simples étoiles d'or.

Marshals and Lieutenant-Generals

The story of French marshalship can well be associated with all the most noble aspects of French History.

During the course of over nine centuries - that is since 1047 - the three hundred and thirty eight Marshals of France had greatly contributed towards the Nation's edification, the upholding of its greatness and its defence.

Whereas the title of High Constable of the realm was of Roman origin, that of Marshal had an Anglo-Norman connotation. Originally, in the days of feudal system, the Kings of France entrusted their Marshals with the high responsability of overseeing all matters connected with Chivalry.

At the time of the monarchy, Marshals of France were not only entrusted with the command of armies in the field, with the appointment as king's ambassadors abroad, or with that of governing provinces or territories - but they were also responsible for judging, within the kingdom, all cases where a gentleman's honour was at stake. Thus, until the Revolution of 1789, all matters of this sort were entrusted to the Marshals' High Court of Justice.

Taking precedence just after the Royal Princes, Marshals of France were granted with the title of « cousin » since the reign of King Henri II (1547-1559). Amongst the most renowned Marshals of the French Monarchy period, one cannot fail mentioning the following names : Turenne, Luxembourg, Villars, Vauban, Saxe and Rochambeau.

In 1792, during the Revolutionary wars the high position of Marshal of France was abolished and the overall command of the various theatres of operations such as northern Europe, Rhineland, Switzerland or Italy were entrusted to Lieutenant-Generals holding the title of Commander-in-Chief.

In 1804, Napoleon re-established what the Revolutionary « Convention » government had abolished twelve years earlier. The Emperor not only created a new marshalship but also conferred greater power, honours, titles of nobility and riches upon its members. Twenty-six Marshals of the Empire, as they were then known, were appointed between 1804 and 1815 and were referred to, as in former times, as « Monseigneur » (your Lordship). Eighteen amongst them were rewarded with principalties or dukedoms, two of these were crowned king (Murat and Bernadotte), and three were killed in battle. Amidst these « paladins of glory », the following names also come to mind : Berthier, Masséna, Lannes, Ney, Davout and Bessières.

Nine more Marshals of France were appointed during the Restoration (1815-1830) and as many during the reign of King Louis-Philippe. Napoleon III promoted another fifteen, but when the last surviving Marshal, Canrobert, died in 1895, the dignity remained « vacant » in France until 1916 when Joffre, the victor of the Battle of the Marne received his baton from the President of the Republic.

A regulation pattern Marshal's baton was not adopted before 1758. This type of short staff, some 50 centimetres long, always covered in French blue velvet had stamped gilded ends. The Marshals' motto : « *Terror Belli Decus Pacis* » (Terror of War, Honour of Peace) was engraved on the upper end of the baton. In conformity with the different regimes in French history the baton's « barrel » was patterned with 32 golden *fleur de lys*, Imperial Eagles, or simple five-pointed stars.

COSTUMES DE L'ARMÉE FRANÇAISE.

Etat-Major . Aides de camp.

1770-89	1794.	1811.	1809.	1811.	1825.	-1842.
(Louis XV . Louis XVI.)	(République.)	(Empire.)	(Empire.)	(Empire.)	(Restauration.)	(Époque actuelle.)
Etat Major des Gtx Frux		Offr d'Ordonnance de l'Empereur.	Aide de Camp de Maréchal.	Lieutenant.	Capitaine.	Chef d'Escadron.

Etat-Major et Aides de camp

Il existe des états-majors à tous les échelons de la hiérarchie militaire, depuis le régiment, jusqu'à celui de l'armée. Les officiers d'état-major ont pour mission d'assister un chef dans l'exercice de son commandement. Leur rôle principal est de renseigner le chef, de préparer les plans d'action en réunissant les moyens nécessaires, de rédiger les ordres et de les faire appliquer. Le travail est coordonné par un chef d'état-major qui répartit les tâches et présente les solutions au chef.

En outre, les généraux avaient besoin d'officiers pour aller porter leurs ordres soit en marche, soit sur le champ de bataille, aux chefs des troupes qui étaient sous leur commandement. Ces officiers devaient avoir les connaissances nécessaires pour bien comprendre leur mission et en communiquer, verbalement ou par écrit leur objet précis aux chefs de corps subordonnés. C'était le rôle des aides de camp et des officiers d'ordonnance - à une époque où les moyens de transmissions se limitaient encore aux sonneries de trompettes, aux battements de tambours et aux pigeons voyageurs !

La présente planche d'uniformes réunit un échantillon caractéristique de ces officiers d'élite, aux différentes époques, depuis Louis XV jusqu'au règne de Louis-Philippe — en passant par la période si glorieuse du Premier Empire.

C'est alors que tant de jeunes et fringants officiers d'ordonnance de Napoléon et aides de camp de ses maréchaux et généraux ont sillonné au grand galop tous les champs de bataille d'Europe, de Lisbonne à Moscou, pour porter les précieux ordres de leurs chefs. Plus de 1.100 d'entre eux ont été tués ou blessés en remplissant leur mission, entre 1805 et 1815.

General Staff – Aides de Camp

Staff officers existed at every echelon of military hierarchy, from regimental to army level.

Their task was to assist a commander in the exercise of his duties. Their chief role consisted in keeping the latter fully informed, in preparing operational plans, in assembling or concentrating available forces, in drafting orders and in attending to their proper carrying out.

These tasks having been alloted and coordinated by the Chief of Staff, the latter was then expected to suggest tactical or technical solutions to his Commander.

Besides, on the march or on the field of battle, generals needed efficient young officers to carry, on horseback, their orders to their subordonate commanders. These officers had to be sufficiently familiar not only with staff duties, but also with the current tactical situation, to be able to transmit those orders verbally or in written form, to the commanding officers of units in the field . This was the main task of the Aides de Camp in those days when signals in action, were still limited to trumpet calls, drum beats and carrier pigeons !

The attached uniform plate depicts a caracteristic sample of these picked officers at various periods between the reigns of Kings Louis XV (1715-1774) and Louis-Philippe (1830-1848), including the particularly glorious times of Napoleon's First Empire.

It was during this latter period that so many dashing young orderly officer and aides-de-camp of Napoleon and his marshals galloped over so many battlefields and across most of Europe, in order to deliver, in haste, the precious messages of their masters. More than 1 100 amongst these officers were either killed or wounded, in carrying out their mission, between 1805 and 1815.

COSTUMES DE L'ARMÉE FRANÇAISE.

Commandants de Place.

1792.	1798.	1805.	1818.	1830.	1845.
(Louis XVI.)	(Republique)	(Empire.)	(Restauration.)	(Louis-Philippe Ier)	
Adjudant de Place.	Commandant de Place.	Commandant de Place.	Général-Commandant de Place.	Commandant de Place.	

Commandants de Place

Fortified Towns Commanders

On donne le nom de places fortes ou places de guerre aux villes fortifiées par une enceinte, simple ou avec forts détachés ou même par un ensemble de forts détachés sans enceinte.

Chaque place est commandée par un officier, nommé dès le temps de paix. Cet officier porte le titre de gouverneur ou de gouverneur désigné, suivant qu'il exerce le commandement de la place dès le temps de paix ou qu'il ne doive l'exercer qu'en temps de guerre. Son grade doit toujours être au moins égal ou supérieur à celui de l'officier le plus élevé en grade de la garnison de défense.

Une place peut être en état de paix, en état de guerre ou en état de siège. L'état de guerre résulte du fait même de la publication de l'ordre de mobilisation.

C'est à ce moment que le gouverneur désigné prend le commandement effectif de la place, en même temps que les attributions du commandant d'armes. Le gouverneur fait exécuter les parties du projet de défense qui se rapportent à l'état de guerre. Dès lors, il ne peut s'éloigner au-delà des limites de son commandement.

Si une armée vient à opérer dans la région, les gouverneurs des places situées dans sa zone d'opérations passent sous les ordres du commandant de cette armée.

Les commandants de place datent du règne de Louis XIV, car antérieurement à cette époque, les fonctions analogues sont remplies par des châtelains, des connétables ou des "capitaines de châteaux". A l'origine, leur grade est indéterminé mais l'ordonnance de 1829 stipule que pour les 105 places fortes du royaume, 22 d'entre elles sont attribuées à des colonels, 49 à des lieutenants-colonels ou chefs de bataillon et les 34 places restantes, dites de troisième classe, à des capitaines.

En outre, chacun des groupes de places fortes est sous les ordres d'un officier général qui porte le titre de "Commandant Supérieur de la défense des places" du groupe, et qui, en principe, est gouverneur de la place principale du groupe. En 1845, ces groupes sont au nombre de 19 dont Paris, Lyon, Lille, Verdun, Toul, Grenoble, Perpignan et Agen.

Curieusement, une circulaire datant de février 1815, refuse aux commandants de place d'être en possession du plan détaillé de la forteresse qu'ils ont à défendre, le cas échéant. En effet, seuls les officiers du Génie de la place peuvent être détenteurs de ce plan ! Cette précaution injurieuse est alors dictée par des motifs politiques.

Les adjudants de place sont les officiers d'état-major d'une place forte. Ils sont du grade de commandant inclus, jusqu'à celui de lieutenant. Au nombre de 184 en 1828, ils se reconnaissent à leur habit bleu garni de boutonnières en galon d'or. Ils sont responsables, notamment, des consignes à donner aux postes de garde, ils effectuent les rondes, surveillent la fermeture des portes et décident des mots de passe et de ralliement de la garnison.

Those towns surrounded by defensive walls reinforced or not by a perimeter of forts were known as fortress or fortified towns.

Each of these towns was under the authority of a senior officer usually appointed in peacetime. He held the title of Governor or Designate-Governor according to whether his command was effective already in peacetime or would only become so at the outbreak of hostilities. It was indispensable that his rank should be superior, or at least equal, to that held by the commander of the defensive garrison troops. A fortified town (« *Place de Guerre* » in French) could be considered as being either in a state of peace, a state of war, or in a besieged state. It was considered in a state of war as soon as mobilization summons had been issued. It was from that moment that the Designate-Governor assumed effective command of the « Post » and became fully responsible for its defence. He then became free to put into action the various phases of the defensive plans. As from then on, the Governor was confined to remain within the limits of the defensive perimeter of his command.

In the case of a Field Army operating within the same theatre of operations as the fortified towns, then all Governors or Post Commanders were subordinated to the Field Army Commander.

The duties of Military Governors or Post Commanders were initially ratified during the reign of King Louis XIV. Before that period, the same functions were held by various authorities such as « Castellans », « Constables » and « Castle Captains ». Formerly the military rank of French Town Governors was undetermined but a decree of 1829 stipulated that 22 of the kingdom's 105 « Places de Guerre » were henceforth commanded by colonels, 49 by lieutenant-colonels or majors and the 34 remaining ones – declassified as 3rd category defensive positions – by mere captains.

Furthermore, each « group » of fortified towns would come under the command of a general officer who was entitled « Superior Defence Area Commander », being himself the Governor of the main fortified town of his « group ». In 1845, these defensive areas or « groups of towns » were 19 in number and included Paris, Lyon, Lille, Verdun, Toul, Grenoble, Perpignan and Algiers.

Somewhat oddly, a memorandum of February 1815 forbade Military Governors to be in possession of the detailed plans of their own fortresses, which they were expected to defend. Only the Senior Engineer Officer of the garrison was in possession of such a document ! This insulting precaution had been taken for political reasons – pending a possible return to power of Napoleon.

Town-Adjutants or Town-Majors were Staff Officers, assistants to a Military Governor. Their rank could vary from major to lieutenant. They were 184 in number in 1828 and their uniform was dark blue with gold braided loops on the chest. They were mainly responsible for issuing appropriate instructions to mainguards and sentry posts. They were to perform rounds day and night around the defensive perimeter and check the closing of gateways. They also had to decide upon the daily appropriate pass words issued to the garrison.

COSTUMES DE L'ARMÉE FRANÇAISE.
Officiers-Porte-drapeaux.

1700-50.	1760-85.	1792-1801.	1804-15.	1816-30.	1850-42.
Louis XIV et Louis XV.	Louis XV et Louis XVI.	République.	Empire. (Troupe de ligne.)	Restauration. (Garde Royale.)	Époque actuelle (Troupe de ligne.)

Chez Aubert Pl. de la Bourse, 29.

Imp. d'Aubert & Cie.

Officiers Porte-drapeaux

La version généralement admise relative à la naissance des trois couleurs nationales et de leur départ dans l'arène de l'Histoire, le 17 juillet 1789, prétend qu'en arborant, ce jour-là, la cocarde aux couleurs de la royauté et de la ville de Paris, Louis XVI consacrait la Révolution. En fait, cette simplification à l'extrême de l'origine des trois couleurs est loin de la réalité.

D'abord le blanc n'était pas la véritable couleur de la royauté. S'il y en avait une, ce serait plutôt le bleu, couleur de l'écu de la maison de France et de la chape de Saint-Martin. Le rouge, aurait pour origine l'oriflamme sacrée symbolisant le martyr de Saint-Denis, relique portée comme enseigne de guerre depuis Louis VI jusqu'au XVe siècle. Quant au blanc, image de l'innocence et symbole de la Vierge, il devient la première marque nationale lorsque les croisés français adoptent sur leur cotte une croix blanche, afin de se différencier des chevaliers anglais portant la croix rouge de Saint-Georges. Il y a donc très longtemps que le bleu, le blanc et le rouge sont associés à la France.

Bref, jusqu'en 1792, tous les drapeaux d'ordonnance des régiments français de l'infanterie ont une chose en commun : la croix blanche partageant l'étoffe en quatre quartiers. Ces quartiers sont aux couleurs propres de chaque corps ou de sa province d'origine. Seule la compagnie "Colonelle" de chaque régiment a un drapeau entièrement blanc, placé au 1er bataillon. Les drapeaux royaux sont portés par des jeunes officiers appelés enseignes.

Ce n'est qu'en 1794 qu'est introduit pour les demi-brigades d'infanterie l'usage exclusif des trois couleurs selon une extrême diversité d'arrangements.

En décembre 1804, Napoléon distribue à l'armée ses nouveaux drapeaux surmontés d'une aigle en bronze doré.

Le drapeau est formé d'un carré blanc central et de quatre triangles, bleus et rouges en opposition.

A partir de 1808 il n'y a plus qu'un seul drapeau par régiment, porté par un officier. Juste avant la campagne de Russie, en 1812, tous les drapeaux portent les couleurs nationales, enfin disposées en trois bandes verticales, comme de nos jours.

Au retour des Bourbons, tous ces drapeaux sont détruits et Louis XVIII crée un nouveau drapeau national : le drapeau blanc des émigrés !

Louis-Philippe, roi des français, va définitivement rétablir le drapeau tricolore mais avec la hampe surmontée par le Coq gaulois. L'aigle sera reprise de 1852 à 1870 et ce n'est qu'à partir de 1880 que sera mis en vigueur l'emblème national actuel.

Officer Colour-Bearers

The generally admitted explanation concerning the birth of the tricoloured French flag and its entry into History remains controversial. History books relate that 17 july 1789 was the day on which King Louis XVI formally placed a three-coloured cockade on his hat, thereby officially consecrating the Revolution. The colours of the King's cockade being the white symbolising the Monarchy, and red and blue traditional colours of the City of Paris.

In fact, this over-simplified version as to the true origin of the French natonal colours is far from the historical reality. Firstly, white had never been the real colour of French monarchy. If there were such a colour, it should have been blue, like the Royal coat of arms or the mantle of Saint Martin, one of the patron saints of France.

Red symbolised the martyrdom of Saint Denis and the colour of the sacred banner always carried in battle by the French Kings from the time of Louis VI (1108 – 1137) until the XVth century. As for the white, symbolising the purity of the Holy Virgin, it had, in the form of a cross, been the insignia of the French crusaders – as opposed to the British knights who were recognisable by their red cross of Saint George.

It therefore appears that these three national colours had been associated with France, since many centuries, well before the Revolution.

In 1792, third year of the Revolution, all French Regimental infantry Colours still bore the white cross placed on different coloured backgrounds, according to the various provinces. Only the « Colonel's Company » carried a white emblem placed in the ranks of the first battalion. Colours of the Royal Army were always borne by a young officer called « Ensign ».

It was not until 1794 that the French infantry half- brigades (as regiments were then called) adopted blue, white and red Colours, but each one differentiated following an ingenious geometrical arrangement.

In December 1804, Napoleon presented new Colours to the entire army. These were topped by a gilded bronze eagle, and their tricolours appeared in the form of a white lozenge surrounded by four alternate blue and red triangles. Each battalion had its own Eagle and Colour.

From 1808 onwards, only a single Colour was entrusted to each regiment (usually three battalions strong). It was carried by a senior subaltern. Then, just before the Russian campaign of 1812, new Colours were once more presented to the Army. These were made up of three equal, vertical bands of blue, white and red silk, with gold painted inscriptions.

Upon the return on the throne of France of the Bourbon dynasty, all Napoleonic emblems were duly destroyed and King Louis XVIII created a new, entirely white royal emblem, identical to that of the « Emigrés » !

Louis-Philippe, King of the French, definitively re-established the French tricolour National emblem in 1830, but now surmounted by a bronze cockerel.

The Imperial Eagle once more re-appeared under the Second Empire between 1852 and 1870.

It was not before 1880 that the present-day pattern of Regimental Colours was introduced in the French Army.

COSTUMES DE L'ARMÉE FRANÇAISE.

Maison du Roi . (Infanterie.)

Imp. d'Aubert & C.ie

Chez Aubert & C.ie Pl. de la Bourse

1724.	1772.	1786.	1814.	1830.
(Louis XV.)	(Louis XV.)	(Louis XVI.)	(Restauration.)	(Restauration)
Cent-Suisses.	Garde de la Prévôté de l'Hôtel.	Garde de la Manche.	Garde de la Porte.	Garde de la Porte.	Gardes à pied.

Maison du Roi (Infanterie)

Les différents personnages, de l'Ancien Régime et des deux Restauration illustrés ici font tous partie des différentes formations de la « Garde du dedans » de la Maison du roi. Comme son nom l'indique, cette garde est responsable principalement du service à l'intérieur des résidences royales.

Louis XI en 1481 fait choisir, parmi ses 6000 soldats-mercenaires suisses, vingt-sept officiers et bas-officiers ainsi que cent hallebardiers pour assurer la garde de son logis. Rattachés à la Maison militaire, ils prennent le nom de compagnie des Cent-suisses à partir du XVIe siècle. Ils se caractérisent par leur habit de cérémonie « à l'espagnole » aux couleurs de la livrée du roi. Licenciés par mesure d'économie en 1787, ils vont renaître en 1814, pour devenir « Gardes à pied ordinaires » du roi en 1817, avant de disparaître en 1830.

En 1271, Philippe III le Hardi confie les fonctions de police et de justice à l'intérieur du Palais aux Gardes de la prévôté de l'Hôtel. Ils servent, sans interruption, jusqu'à la Révolution lorsqu'ils deviennent, en 1791, la Garde de l'Assemblée générale. Ainsi deviennent-ils, au gré des événements et des circonstances, les ancêtres directs des futurs grenadiers à pied de la Garde impériale.

Le roi Saint-Louis lors de sa croisade en Terre Sainte, en 1250, prend à son service vingt-quatre gentilshommes écossais pour sa protection personnelle de jour comme de nuit. La tradition s'en est conservée jusqu'à la fin de la monarchie. Ainsi deux gardes de la 1ère compagnie (écossaise) des Gardes du Corps vont-ils se tenir, dans toutes les cérémonies au plus près du roi de France : « à ses deux manches », d'où leur titre curieux de « Gardes de la Manche ».

Considérée par certains historiens comme la plus ancienne garde des rois, la compagnie des « Gardes de la porte » forte de cinquante hommes veillait pendant le jour aux portes intérieures des palais, de six heures du matin à six heures du soir. Pendant la nuit, les clefs étaient confiées aux Gardes du Corps. Louis XVI supprime la Compagnie en 1787. Elle sera rétablie à la Première Restauration.

Lors du retour de Napoléon, en mars 1815, seulement la moitié des Gardes rejoignent Louis XVIII en exil à Gand. Aussi la Compagnie sera-t-elle supprimée dès la fin des Cent-Jours.

King's Household Troops (Infantry)

The various military types depicted on the adjoining print, all wearing uniforms of the Old French Monarchy or of the two Restorations, belonged to the "Inside" Palace Guards of the Household Troops. As their title suggests, these guardsmen were mainly responsible for the security of the King and his family within the royal palaces and residencies.

It was King Louis XI who, in 1481, had ordered the careful choice of the twenty seven best officers and non-commissioned officers and the one hundred best halberdiers from amongst his 6.000 Swiss mercenary soldiers, in order to have them mounting guard within the private appartments of his residencies. The company when established, was integrated into the Household Troops and named "The Hundred-Swiss", since the beginning of the XVIth century. Their full ceremonial dress "in Spanish style", was in the King's livery, colours blue and red.

Disbanded on account of financial restrictions in 1787, the "Hundred Swiss" were to be re-activated during the Restoration in 1814 and were given, in 1817, the new title of "King's Ordinary Foot-Guards", before being definitively broken up in 1830.

In 1271 King Philip III, "The Bold", entrusted the company of "Provost Guards of the Mansion" with the duties of police and justice within the royal palaces. This military body will remain in existence, without interruption, until the Revolution when it became the Parliamentary Guard at the "General Assembly". And so, this company, by chance, had the privilege of becoming the direct ancestor of the future Grenadiers of the Imperial Guard.

King Louis IX, better known in France as Saint-Louis, during his crusade to the Holy Land, in 1250, took twenty-four Scottish gentlemen-at-arms into his personal service to ensure his protection, both by day and by night. This tradition remained in existence until the end of the Old Monarchy in 1792. Thus, two faithful Scots guardsmen, from the First or Scottish Company of the King's Bodyguards, were always expected to stand very closely, on both sides, of the King – "at his sleeves" : hence their odd but official title of "Sleeve-Guards" (Gardes de la Manche).

Considered by certain military historians as being the most senior of all the King's guards the company of "Guards of the Door" (Gardes de la Porte), only fifty men strong, had the task of watching permanently over the proper closing of the palaces' inner doors and gates from six o'clock in the morning to six o'clock in the evening. After that hour, and during the whole night, the palace keys were entrusted to the King's Bodyguards (Gardes du Corps).

King Louis XVI had this company disbanded in 1787. It was however re-established, for a short while, during the first Restoration of 1814.

Following Napoleon's return from Elba in March 1815, only half of the "Guards of the Door" rejoined King Louis XVIII duly exiled again – to Ghent this time. Consequently, this company was definitively done away with at the end of "The Hundred Days".

COSTUMES DE L'ARMÉE FRANÇAISE.

Gardes-du-Corps du Roi.

1690.	1760-89.	1814.	1814.	1816-20.	1820-30.
Louis XIV.	Louis XV et Louis XVI.	Restauration.	Restauration.	Restauration.	Restauration.
	(Artillerie des Gardes du Corps.)				

Gardes-du-Corps du Roi

Depuis le Moyen-Âge, la garde du roi de France a été assurée par diverses formations dont l'ensemble constitue la Maison militaire du roi. Nombre de corps de cette Maison vont subsister jusqu'à la Révolution. On distingue la garde intérieure du château et la garde extérieure.

La formation la plus ancienne de la garde intérieure est celle des Gardes du corps.

Parmi ses quatre compagnies, il y en avait une qui était particulièrement privilégiée : la compagnie écossaise, qui datait de Louis XI. Elle avait toujours le pas sur les trois compagnies françaises, en raison de son ancienneté. Son capitaine marchait à la tête de l'ensemble.

Les gardes forment le gros de la cavalerie de la « Maison bleue » du roi. Chaque compagnie a un effectif de 200 à 360 gardes suivant les époques. Cantonnés à proximité de Paris, les compagnies prennent leurs fonctions, par roulement, à Versailles. Pour le service intérieur au château, elles servent à pied armées de fusils. De plus, elles assurent l'escorte et la garde du roi au cours de toutes les campagnes où il est présent.

Pour entrer aux Gardes du corps, il faut être noble, de religion catholique, de belle taille, bien tourné, « bien facé », c'est-à-dire avoir un visage agréable et « point trop jeune ». Après qu'un détachement ait servi d'ultime rempart contre la foule déchaînée, au château de Versailles, le 6 octobre 1789, les Gardes du corps seront licenciés par décret de l'Assemblée nationale en juin 1791.

Ils seront rétablis par Louis XVIII lors de la Première Restauration, en juin 1814, à l'effectif de six compagnies, dotées chacune de deux pièces d'artillerie. Réduits de nouveau à quatre compagnies lors de la Seconde Restauration après Waterloo en 1815, un fort détachement des gardes va participer à la campagne d'Espagne de 1823-1824. Les Gardes du corps vont être définitivement supprimés après la Révolution de 1830.

C'est par le décor en carrés colorés de la banderole que les compagnies se distinguent entre elles :
- 1ère (Ecossaise) : blanc
- 2ème (1ère Française) : vert
- 3ème (2ème Française) : bleu roi
- 4ème (3ème Française) : jonquille

The King's Bodyguards

Ever since the Middle Ages, the security of the French Kings had been assured by various military bodies which constituted the King's Household Troops. A number these Household units remained in existence until the Revolution broke out. A distinction existed between the "inside" palace guards and the "outside" ones.

The oldest body belonging to the "Inside" Guards were the *Gardes du Corps* (meaning Life of Bodyguard).

Amongst their four companies one was particularly privileged : the First, or Scottish Company, which had existed since the reign of Louis XI (1461-1483). It took precedence, on all occasions, over the three French Companies, on account of its seniority. Its Captain was entitled to march at the head of all the Guards.

The King's Bodyguards alone, formed the greater part of the mounted "Blue Division" of the Royal Household Troops. The strength of each one of their four companies varied, over different periods, between 200 and 360 guardsmen. All stationed in the vicinity of Paris, the companies were called upon alternately to take their turn of duty at the Palace of Versailles. When serving dismounted for indoor functions in the palace the guardsmen were armed with a musket. In time of war, when the King led personally his Army in the field, each company in turn would find permanent escorts and guards for their Sovereign.

In order to be admitted to serve in the King's Bodyguards, it was necessary for a gentleman not only to belong to the nobility and the Catholic Church but also to be tall, well built, not too young and of "handsome appearance".

When it came that the revolutionary Parisian mob invested by surprise Versailles Palace, on 6 October 1789, a small detachment of the *Gardes du Corps* acted as an ultimate bulwark between the infuriated crowd broken loose and the Royal Family's private appartments. This brave and loyal gesture resulted in the disbandment of the Bodyguards, following a decree of the National Assembly of June 1791.

They were to be re-established, however, by King Louis XVIII during the First Restoration in June 1814. They consisted of six companies, each re-enforced by a two gun section of artillery. Reduced again to four companies in 1815, following The Second Restoration after Waterloo, a strong contingent of guardsmen took part in the campaign in Spain in 1823-1824. Finally, after an existence of nearly four centuries the King's Bodyguards were definitively disbanded after the Revolution of 1830.

The four separate companies of the King's Bodyguards were easily recognisible by the squares of different colours which ornamented their crossbelts, as follows :
- 1st (Scottish Company) : white
- 2nd (1st French) : green
- 3rd (2nd French) : royal blue
- 4th (3rd French) : yellow

COSTUMES DE L'ARMÉE FRANÇAISE.

Chevau-Légers.

1690.	1770.	1779.	1786.	1812.	1814.
(Louis XIV.)	(Louis XV.)	(Louis XVI.)	(Louis XVI)	(Empire.)	(Restauration.)
Chevau-Léger de la Garde.		Chevau-Léger 3.ᵉ régiment.	Chevau-Léger de la Garde.	Chevau-Léger Polonais.	Chevau-Léger de la Garde.

Chez Aubert & Cⁱᵉ Pl. de la Bourse.

Imp. d'Aubert & Cⁱᵉ

Chevau-Légers

Créée en 1599, la compagnie des chevau-légers de la Garde est la plus ancienne formation de la Maison Rouge du roi. Mais lorsque Louis XIII fait passer dans sa garde la compagnie de Gens d'Armes qu'il avait à son service comme Dauphin, cette dernière va prendre le premier rang. Lorsqu'ils n'accompagnent pas le roi en campagne, les chevau-légers occupent leur hôtel à Versailles où ils entretiennent, en outre, une école d'équitation réputée. Leur étendard blanc porte en tableau des géants écrasés par la foudre avec la devise : Sensere gigantes (les géan ts en ont senti les effets). L'ordonnance du 2 mars 1788 va sonner le glas de la Maison Rouge, jugée trop dispendieuse par le ministre de la Guerre Saint-Germain. Ainsi, les chevau-légers de la Garde disparaissent-ils un an et demi avant le début de la Révolution.

Louis XVIII, en juin 1814, se hâte de recréer une superbe Maison Rouge comprenant une compagnie de 256 chevau-légers. Celle-ci sera définitivement licenciée le 1er janvier 1816, six mois après Waterloo.

En dehors des chevau-légers de la Garde, il y avait, de 1610 à 1630, neuf compagnies de chevau-légers qui formaient, avec les carabins, toute la cavalerie légère de l'époque. On peut les appeler les chevau-légers de ligne.

En 1779, le ministre Saint-Germain recrée six régiments de chevau-légers comme corps d'élite de ligne. Elles seront pratiquement les dernières formations de cavalerie mises sur pied par l'Ancien Régime. En 1784, le premier de ces régiments devient Royal Guyenne cavalerie, alors que les cinq autres sont incorporés dans les régiments de chasseurs à cheval nouvellement créés.

Napoléon, en rétablissant l'usage de la lance va faire revivre de 1809 à 1815, la dénomination désuète de chevau-légers, en l'associant au mot lancier. Il va créer, en tout, douze régiments de chevau-légers lanciers : Polonais, Hollandais, Lithuaniens et Français, dont trois de la Garde impériale.

Light-Horse

Established in 1599, the Light-Horse Company was the senior corps of the "Red Division" of the King's Household Cavalry.

However, after Louis XIII, had drafted into his Guards the company of Men-at-Arms (*Gens d'Armes*) which had been in his service when he was still the "Dauphin", the latter unit took precedence over the Light-Horse. At times when it was not accompanying the King during his campaigns, the Light-Horse Company was stationed at Versailles in its own private house, where it ran a renowned riding school. On the company's white standard were depicted a group of mythical giants crushed by thunder bolts together with the Latin motto "Sensere Gigantes" (Giants Have Felt Their Mettle).

Only a year and a half before the start of the Revolution, the General Order of 2 March 1788 was to ring the knell of the "Red-Division" of the Household Troops considered, by Count de Saint-Germain, the Minister of War, as far too costly to upkeep.

In June 1814, King Louis XVIII upon his return from exile, hastened in re-establishing a splendid "Red Division" which included a company of Light-Horse 256 strong. But this short-lived unit was to be definitively disbanded on 1st January 1816, six months after Waterloo.

Besides the Light-Horse of the Guard there had also existed, between 1610 and 1630, nine other companies of Light-Horse of the Line, which formed together with the Carbineers the entire light cavalry force available at that period.

In 1779 Count Saint-Germain, already named above, raised six new regiments of Light-Horse of the Line. These were to be practically the ultimate cavalry units established by the Old French Monarchy. In 1784 the first of these regiments took over the title of "Guyenne-Cavalry", whilst the five other ephemeral Light-Horse regiments were split up and drafted into the newly raised "Chasseurs à cheval" regiments.

When Napoleon re-introduced lances into the French Cavalry he also revived, between 1809 and 1815, the then-obsolete title of Light-Horse connecting it with the word Lancers. He then proceeded to establish no less than twelve Light-Horse-Lancer regiments including three within the Imperial Guard cavalry.

These renowned regiments were either Polish, Dutch, Lithuanian or French.

COSTUMES DE L'ARMÉE FRANÇAISE.

Maison du Roi. – Mousquetaires.

Chez Aubert Pl. de la Bourse

Imp. d'Aubert & Cie

1660.	1727.	1772.	1772.	1814.	1814.
(Louis XIV.)	(Louis XV.)	(Louis XVI)	(Louis XVI)	(Restauration)	(Restauration)
	1ère C.ie	1ère C.ie Mousquetaires gris	2ème C.ie Mousquetaires noirs	1ère C.ie	2ème C.ie

Maison du Roi (Mousquetaires)

A l'origine le terme mousquetaire ne désigne qu'un soldat combattant avec un mousquet, mais le mot s'est conservé longtemps après la disparition de cette arme, il a même été encore employé dans certaines armées étrangères jusqu'au siècle dernier. Les premiers mousquetaires organisés en troupes régulières, au XVIe siècle, succédaient aux arquebusiers et aux carabins.

Mais le sujet traité ici est différent, puisqu'il s'agit essentiellement des deux compagnies des mousquetaires à cheval de l'ancienne Maison des rois de France.

La première compagnie — les mousquetaires gris — désignés ainsi en raison de la robe de leurs chevaux, est formée par Louis XIII en 1622 avec les carabins de ses Gardes du corps. La seconde, appelée mousquetaires noirs pour une raison analogue, formait à l'origine les gardes du corps du cardinal Mazarin et ne devient deuxième compagnie de mousquetaires du roi qu'en 1663.

Les compagnies sont de 150 à 300 hommes chacune. Portant depuis Louis XIII la célèbre casaque d'armes bleu de ciel ornée de croix blanches, les mousquetaires reçoivent sous le règne suivant l'habit écarlate, avec soubreveste noire, ce qui leur vaut d'appartenir désormais à la Maison rouge du Roi.

A une époque où il n'y a pas encore d'écoles destinées à former les futurs officiers, leur rôle principal va consister à en tenir lieu. Ainsi, les jeunes nobles destinés à la carrière des armes, quittent leur province dès l'âge de quinze ans pour entrer aux mousquetaires du Roi, à Paris. Ils y sont soumis à une sévère discipline et rompus aux exercices de l'infanterie et de la cavalerie. Ils ont souvent la chance de parfaire leur instruction en marchant à l'ennemi et en s'efforçant de gagner à la pointe de leur épée leur grade de cornette ou de sous-lieutenant.

Le ministre Saint-Germain supprime les mousquetaires en 1775. Ils ont reparu sous Louis XVIII en 1814 mais seront définitivement licenciés à la Seconde Restauration.

Signalons qu'Alexandre Dumas n'a pas tout inventé ; puisqu'il s'avère que Charles de Bats-Castelmor, comte d'Artagnan, a réellement commandé la compagnie des mousquetaires gris de 1667 à 1673 !

King's Household Troops (the Musketeers)

Originally, a musketeer was a soldier who fought armed with a musket but the word has remained in use long after the disappearance of that particular smooth-bore military hand-gun and certain foreign armies even continued to use this term until the twentieth century to designate their own basic infantrymen. The first musketeers to be formed into regular units appeared in the armies of the XVth century. They had replaced those men previously armed with the harquebus or the carbine.

However, this page concerns a somewhat different subject, since it relates essentially to the two mounted musketeer companies, which belonged of the Royal Household Troops of the King of France.

The first Company – the Grey Musketeers – so called because they were mounted on grey horses, had been raised by King Louis XIII in 1622 with the former Carbineers of his personal
bodyguards. Whereas the Second Company, known as the Black Musketeers, for a similar reason as above, had been initially formed as Cardinal Mazarin's Life-Guard and only became the second company of the King's Musketeers in 1663.

The two Musketeer Companies were each between 150 and 300 men strong. Since the days of King Louis XIII, they wore their familiar sky blue liveried "surtout" ornamented with a white cross both on the front and at the back. During the subsequent reign, they were issued with scarlet coats over which they wore a short black jerkin called "soubreveste", still ornamented with crosses. Henceforth, they belonged to the "Scarlet Division" of the King's Household Troops.

At a period in history when special schools for instructing officer candidates did not yet exist, the two companies of the King's Musketeers served that purpose in the French Army. Thus, these young noblemen who wished to begin a military career left their provincial homes at the age of fifteen in order to join the King's Musketeers in Paris. On joining, they were soon subjected to a code of strict discipline and also well initiated in all the intricacies of both cavalry and infantry drill and weapon training. Moreover, they often received the chance of perfecting their military instruction, in the field, by marching to war with their company and taking part in a campaign during which they would endeavour to win their commission, as cornet or ensign, with their sword.

Although Count de Saint-Germain, the King's Minister of War, had the Musketeers disbanded in 1775 for financial reasons - they re-appeared for a while in 1814, before being definitively done away with the following year.

Incidentally, it can be confirmed that Alexandre Dumas, the author of "The Three Musketeers", did not invent everything he wrote – since it is a historical fact that Charles de Bats-Castelmor, Count d'Artagnan did really command the Company of Grey Musketeers from 1667 to 1673.

COSTUMES DE L'ARMÉE FRANÇAISE.
Grenadiers à Cheval.

1674-1715.	1740.	1785.	1795.	1810.	1814 – 1830.
(Louis XIV.)	(Louis XV.)	(Louis XVI.)	(République)	(Empire)	(Restauration)
		(Royal – Allemand)	(Garde du Directoire)	(Garde Imp.le)	(Garde Royale)

Grenadiers à cheval

L a compagnie de grenadiers à cheval de la « Maison bleue » du Roi est organisée par ordre de Louis XIV en 1676. Forte de 88 puis de 150 « maîtres » coiffés du bonnet à poil, elle est destinée à marcher, en campagne, à l'avant-garde des troupes à cheval de la Maison afin d'ouvrir le passage pour ce corps. C'est une unité à vocation mixte, en mesure de combattre à cheval ou, dans les sièges, de précéder à pied les troupes d'assaut en lançant des grenades à main. Cette compagnie est la seule troupe de recrutement roturier de la cavalerie de la Maison. Elle tient garnison à Vitry-le-François, près de Versailles - jusqu'à son licenciement en 1776.

Créée en 1671, avec des cavaliers volontaires de langue germanique, le Royal-Allemand a toujours porté le bonnet à poil des grenadiers. C'est surtout dans les derniers jours de son existence qu'il acquiert la notoriété qui s'est attachée à son nom. Il sera la cause directe de l'attaque de la Bastille, le 14 juillet 1789, en soulevant la colère du peuple de Paris contre le pouvoir, deux jours plus tôt, en sabrant brutalement des manifestants sur la future place de la Concorde.

Le recrutement des grenadiers de la Garde du Directoire est méticuleux. Ce sont tous des cavaliers ayant servi dans l'ancienne armée, aux mœurs irréprochables et mesurant entre 1 m 78 et 1 m 84. Bonaparte va les incorporer dans sa Garde consulaire et ils seront les héros de Marengo.

En 1804, ce corps d'élite, commandé par Ordener, prend la tête de la cavalerie de la Garde impériale.

Enormes, sur leurs grands chevaux noirs, haut bottés, fiers de leur prestance, les grenadiers à cheval dits « gros talons » ou « ruches à miel », paraissent sévères, avantageux et hautains ; toute fantaisie paraît bannie de leur existence. Ils doivent cependant avoir quelques faiblesses car Ordener prescrit « qu'il ne sera admis pour faire leur soupe que des femmes de plus de 40 ans ! ».

Horse Grenadiers

T he company of Horse Grenadiers, attached to the « blue division » of the Royal Household Troops, was raised by order of King Louis XIV in 1676. Its original strength of 88 troopers, referred to as « masters », was soon increased to 150 men. This company, which always wore black bearskin caps, had the privilege, when in the field, of marching ahead, in the vanguard, of all the other mounted household troops in order to clear the path for them.

The Horse Grenadiers were trained to fight both mounted and on foot. In the event of siege warfare they always preceeded other assault troops, hurling hand-grenades when appropriate. This particular unit was the only one in the King's Household Cavalry to admit men of common extraction within its ranks. Its peacetime garrison town was Vitry-Le-François near Versailles, until its disbandment in 1776.

Raised in 1671, and consisting entirely of German-speaking volunteers, the Royal-Allemand Regiment always wore grenadier bearskin caps. This foreign mercenary cavalry unit became particularly notorious only shortly before its disbandment. By ruthlessly cutting down a number of rioters on, what was later to be called the Place de la Concorde, this regiment kindled the wrath of the Parisian mob to such a degree that its fierce action was to become the direct cause of storming of the Bastiile on the 14 July 1789.

The conditions of enlistment into the Horse Grenadiers of the Directory Guards was of a particularly scrupulous nature. Only very tall troopers who had served with a faultless record in the army of the former regime were selected. On his coming to power Napoleon Bonaparte drafted these grenadiers into his Consular Guards and they soon proved to be heroes of the day at Marengo in 1800.

In 1804, this « elite » corps became the senior cavalry regiment in the new Imperial Guard.

Their commanding officer was General Ordener. These huge, proud, jack-booted men were mounted on big black horses and were nicknamed « the heavy-heels » or « the beehives », on account of their high, voluminous head-dress. They appeared, at all times, so stern and disdainful that they seemed deprived of any sort of whim. They must, however, have shown normal human feelings at times – judging from Ordener's standing orders which laid down that : « only women aged well over forty shall be admitted to cook the Horse Grenadiers'meals ! »

COSTUMES DE L'ARMÉE FRANÇAISE.

Corps spéciaux.

1690.	1740.	1785.	1794.	1810.	1814.-1830.
(Louis XIV.)	(Louis XV.)	(Louis XVI)	(République)	(Empire.)	(Restauration.)
(G.^{des} Fran.^{ses})	(G.^{des} Fran.^{ses})	(Grenadiers des G.^{des} F.^{ses})	(G.^{de} de la Conv.^{tion} Nat.^{ele})	(Grenadiers de la G.^{de} Imp.^{le})	(Grenadiers de la G.^{de} Roy.^{le})

Le titre qui conviendrait le mieux à cette planche serait : Garde royale, républicaine et impériale.

C'est en France que s'institutionnalise, à partir de Louis XI, la notion de Maison militaire du souverain. Au fil des ans, le Roi va avoir en permanence à sa disposition un certain nombre de corps dont plusieurs vont subsister jusqu'à la Révolution. Aussi, distingue-t-on progressivement la garde intérieure et la garde extérieure du château. Cette dernière va comprendre deux régiments d'infanterie : les Gardes françaises et les Gardes suisses.

Créées par Henri IV et portées à 4.000 hommes par Louis XIV, les Gardes françaises stationnent à Paris où elles servent également à la police de la capitale - ce qui ne les empêche pas de participer à toutes les campagnes militaires du monarque. En dépit de la solidité et de la loyauté qui avaient toujours animé ce régiment depuis sa création, le 14 juillet 1789 marquera le passage de la quasi-totalité des gardes au parti de la Révolution et le régiment sera licencié le 31 août.

Les grenadiers à pied de la Garde impériale sont issus des grenadiers de la Garde des Consuls et de ceux du Directoire. Leur filiation remonte directement à la compagnie des Gardes de la Prévôté de l'Hôtel de l'Ancienne Monarchie. Ils sont l'élite de l'armée française, les plus braves, les plus respectables, dévoués, calmes, dignes mais bougons et grincheux ; les plus beaux soldats d'infanterie au feu et terreur de l'Europe, les amis de la victoire et les plus vieux camarades de combat de l'Empereur ; c'est ainsi que l'on peut décrire les soldats de légende, les véritables « grognards » de Napoléon.

Les grenadiers de la Vieille Garde ont traversé toute l'Europe avec leur Empereur, entrant victorieusement avec lui à Milan, à Vienne, à Berlin, à Madrid, à Varsovie et à Moscou. Ils ont gardé pendant dix ans le bivouac impérial en campagne ou dans les différents palais où résidait leur maître. Ils ont remporté la victoire chaque fois qu'ils ont été engagés comme réserve suprême ; un bataillon a accompagné l'Empereur déchu à l'île d'Elbe, enfin ils ont sauvé l'honneur des armes au soir de Waterloo, alors que tout était perdu.

Sous la Restauration, c'est avec les débris de l'ancienne Garde impériale, licenciée en 1815, que l'on a pu reconstituer rapidement les beaux régiments de grenadiers de la Garde royale des rois Louis XVIII et Charles X. Lesquels seront balayés, à leur tour, par la Révolution de 1830.

A more appropriate title to this plate would be : Royal, Republican and Imperial Guards.

The idea of creating the Sovereign's permanent Military Household first originated in France during the reign of King Louis XI (1461-1483). The principle was developed over the ensuing years, leading to the raising of a number of bodies of picked troops placed entirely at the disposal of the King. Many of these units will remain untouched until the Revolution.

A distinction will soon arise between the Inner and the Outer palace guards. The latter will include two Infantry Regiments : the French Guards and the Swiss Guards.

Raised during the reign of Charles IX and brought up to the strength of 4000 men by Louis XIV, the French Guards were stationed in Paris where they were also given police duties. This in no way prevented them from taking an active part of all the King's military campaigns. In spite of the spirit of staunch loyalty which this corps had always shown since its creation in 1563, the majority of these Guardsmen joined the revolutionary movement on 14 July 1789. Consequently, the regiment was duly disbanded on August 31.

The Grenadiers of the Imperial Guard were the former Consular Guards, who descended from the National Convention and Directory Guards. The latter, could claim filiation in direct line from the former Provost Marshal's Guards of the Royal Palace.

Napoleon's Grenadiers of the Guard were the true elite of the Imperial Army, the bravest, the most respected, loyal and dignified men – althought they often showed themselves as being perfect grumblers ! They always upheld their reputation of best infantry soldiers in Europe, the « friends of victory » and the Emperor's eldest comrades in arms.

These legendary soldiers had marched across the whole Continent with their master and entered in triumph Milan, Vienna, Berlin, Madrid, Warsaw and Moscow. For more than ten years their duty was to guard day and night the Imperial headquarters, bivouacs or palaces. Held in supreme reserve at the outset of all the great battles, their final engagement would always bring about a decisive issue.

One of their battalions accompanied the fallen Emperor during his exile to Elba in 1814, but

their history came to a close on the fateful evening of Waterloo. When all was lost, they saved the honour of the French Army by their memorable last stand.

During the Restoration period, it was owing to the remnants of the old Imperial Guards, disbanded in 1815, that it was possible to raise so rapidly the fine new regiments of Grenadiers of the Royal Guard. These were to serve under Kings Louis XVIII and Charles X during fifteen years – before being swept away, in their turn, by the Revolution of 1830.

COSTUMES DE L'ARMÉE FRANÇAISE.
Gardes spéciales.

1724.	1758.	1791.	1813.	1810.	1812.
(Louis XV.)	(Louis XV.)	(Louis XVI.)	(Empire.)	(Empire.)	(Empire.)
Garde de la Connétablie.	Gardes-Lorraines.	Garde Constitutionnelle du Roi	Gardes d'honneur 2.ᵉ rég.ᵗ	Rég.ᵗ de Garde nationale de la Garde.	Pupilles de la Garde.
					Garde du Roi de Rome.

Gardes Spéciales

Compte tenu du fait que les personnages illustrés ici n'ont aucun lien direct entre eux, il convient de traiter séparément les origines et l'historique de chacune des formations qu'ils représentent.

La première des 33 compagnies de maréchaussée date officiellement de 1720. C'est la compagnie de la connétablie qui est chargée de la garde de l'hôtel, des archives et du tribunal du Connétable de France où sont appelés à siéger les maréchaux. Bien que l'office de connétable ait été supprimée par Richelieu, la connétablie et sa compagnie vont subsister jusqu'à la Révolution, sous la haute autorité du prévôt général de la maréchaussée de France.

Les gardes-lorraines sont créés en 1740, sur ordre de Louis XV, pour servir de garde-ordinaire à son beau-père, Stanislas 1er Leszczynski, duc de Lorraine et ancien roi de Pologne, installé avec sa cour à Lunéville.

L'Assemblée nationale ayant supprimé tout ce qui rappelait l'ancienne puissance de la Monarchie, accorde au souverain le 30 septembre 1791, une Garde constitutionnelle comprenant deux bataillons d'infanterie et quatre escadrons à cheval. Cette garde montrant trop de zèle pour la protection du roi, l'Assemblée en vote le licenciement le 30 mai 1792.

Pour combler les vides creusés dans la cavalerie impériale par la campagne de Russie, Napoléon crée en 1813 quatre régiments de Gardes d'honneur. Ils représentent une force de 10.000 hommes habillés, équipés et montés, à leurs frais et formés de « fils de famille » de la noblesse et de la riche bourgeoisie, épargnés jusqu'alors par la conscription. L'attrait d'un brillant uniforme à la hussarde et la promesse du grade de sous-lieutenant après un an de service va inciter cette jeunesse à s'enrôler rapidement.

Le régiment des « Gardes nationales de la Garde impériale » est organisé à Lille en 1810 afin de récompenser les volontaires « ayant concouru à la défense de nos côtes de Flandre et de la Manche ». Après avoir combattu en Espagne, ce régiment va former, en 1813, le 7ème régiment de voltigeurs de la Garde.

Le 30 mars 1811, le régiment des vélites royaux hollandais entre dans la Garde sous le nom de « Régiment des Pupilles de la Garde impériale ». Le décret prescrit de recruter désormais les pupilles parmi les enfants de 15 ans, tirés des différents hospices de l'Empire. Selon la légende napoléonienne, l'Empereur impressionné par la belle tenue des pupilles lors d'une revue aux Tuileries, les aurait présentés à ses vieux grenadiers comme « la future garde du Roi de Rome ».

Special Guards

The brief historical notes below are related to each one of the six military figures illustrated on the adjoining print – who otherwise have no particular link amongst themselves.

The first of the thirty three companies of the Marshalsea was officially raised in 1720. It was referred to as the "High Constabulary Company" since it was essentially responsible for the security and the custody of the archives of the former residence of the High Constable, which had become the High Court of Justice entrusted to the Marshals of France.

Although the office of High Constable had been abolished by Cardinal de Richelieu, the High Constabulary's Company continued its existence until the Revolution, under the aegis of the Provost-General of France's Marshalsea.

The Guards of Lorraine had been raised in 1740 by order of King Louis XV, as a bodyguard for his father – in – law Stanislas Leszczynski, Duke of Lorraine and former King of Poland, who was in residence in the town of Lunéville with his court.

At the start of the revolutionary period, the French National Assembly had abolished all that which reminded the power of the monarchy such as the Household Troops but conceded, however, on 30 September 1791, to establish a more democratic "Constitutional Guard" which was to include two infantry battalions and four cavalry squadrons. It appeared soon that these guardsmen showed too much zeal in protecting the King, consequently the Assembly voted their disbandment on 30 May 1792.

In order to attempt to fill the tremendous gaps which the disaster in Russia had left within the ranks of the Imperial Cavalry, Napoleon decided, in 1813, to raise four regiments of mounted "Guards of Honour". They were to reach a total strenght of 10.000 men all clothed, equipped and mounted at their own expense, since these regiments consisted entirely of young men from the nobility and the wealthy upper middle classes who had hitherto escaped from conscription. The attraction of wearing a splendid hussar – type uniform and the promise of receiving an officer's commission only a year after joining rapidly urged these youths towards the recruiting offices.

The "National Guard Regiment of the Imperial Guard" was first established in Lille, in 1810, with the aim of rewarding those young militia volunteers "who had helped to defend from invasion the Flemish and Channel coastlines". After having fought in the Spanish peninsula with distinction this regiment was to become in 1813, the 7th Light Infantry (Voltigeurs) Regiment of the Imperial Guard.

On 30 March 1811, the Dutch regiment of Royal "Vélites" was admitted to join Napoleon's Imperial Guard under the title of "Wards (Pupilles) of the Imperial Guard". The relative decree specified that this new regiment should henceforth be recruited entirely from amongst 15 years old boys, mainly war orphans, hailing from the various childrens homes throughout the Empire. According to the "Napoleonic legend", the Emperor, most impressed by their smart turn-out at their first ceremonial parade at the Tuileries Palace, introduced the "Pupilles" to his old Grenadier Guardsmen as "the future Guard of the King of Rome (Napoleon's son)".

COSTUMES DE L'ARMÉE FRANÇAISE.
Gendarmes.

Imp. d'Aubert & Cie.

Chez Aubert Place de la Bourse.

1700 – 1750.	1789 – 1804.	1810.	1810.	1815 – 1850.	1841.
(Louis XIV – Louis XV.)	(Louis XVI – République)	(Empire.)	(Empire.)	(Restauration)	(Costume Actuel)
(Marans – Chaussée.)	(Gend.ie Nat.le)	(Armée d'Espagne)	(Gend.ie d'Elite)	(Gend.ie d'Elite)	(Gend.te Departem.le)

Avant le XVIIIe siècle, la police du Royaume de France est confiée au prévôt général de la Connétablie, aux prévôts des marchands, aux prévôts provinciaux et à leurs archers, tristement célèbres par leur justice souvent implacable.

Ce n'est qu'en 1720, avec la création des compagnies de Maréchaussée, qu'est établie de façon définitive une véritable force de police royale, implantée sur tout le territoire.

La loi du 16 janvier 1791 supprime la connétablie, les cours prévôtales et la Maréchaussée. Elle institue la Gendarmerie. L'ex-Maréchaussée est presque entièrement versée dans ce nouveau corps.

La Gendarmerie prend pour base organique le département. Les 83 départements qui constituent alors la France sont groupés en vingt-huit « divisions ». La Gendarmerie de chaque division est commandée par un colonel ; chaque département par un lieutenant-colonel commandant deux compagnies.

La compagnie, aux ordres d'un capitaine, couvre l'arrondissement. Elle est divisée en moyenne en quinze « brigades » de cinq hommes, sous-officier chef de brigade compris.

« C'est l'installation d'une surveillance moitié civile moitié militaire répandue sur toute la surface du territoire », comme le résumait Napoléon. C'est d'ailleurs l'Empereur qui doit marquer à jamais de son empreinte le vieux corps devenue Gendarmerie impériale en lui donnant des chefs de valeur tels que le maréchal Moncey et des vieilles traditions à respecter.

La légion de Gendarmerie d'élite, créée en 1804, est rattachée à la Garde impériale. Elle comprend deux escadrons, à deux compagnies, à cheval.

Prior to the XVIIIth century, the preservation of law and order within the kingdom of France was the joint responsability of the Provost- General of the Royal Constabulary, the Provost of the Merchant-Guilds, the Provincial Provost-Marshals and their « Archers », infamously renowned for their implacable methods of rendering justice.

It was not until the creation in 1720 of the Provincial Marshalsea companies that a true, regular police force was established all over the kingdom.

The revolutionary governemental act of 16 January 1791 however abolished the Royal Constabulary Forces, the Marshalsea and its courts-martial. Instead, the Republican government created the Gendarmerie (meaning men-at-arms), a new force composed almost entirely of former members of the Marshalsea.

Henceforth, Gendarmerie units were deployed in every one of the 83 « departments » which, at that period, constituted the French Republic. All these departments were subsequently regrouped in 28 « divisions ». The Gendarmerie forces stationed in each division were commanded by a colonel, and a lieutenant-colonel placed in each department had two Gendarmerie companies under his command.

Every subdivision of a department (« arrondissement ») had its own Gendarmerie company, under a captain and was itself divided into some fifteen « brigades » of five gendarmes each, commanded by a senior non-commissioned officer.

Napoleon himself described this organisation as « the setting up of a system of supervision, by both civilian and military methods, widespread over the entire national territory ». It is a fact that the Emperor left a definite and personal mark upon the ancient corps which was to become the Imperial Gendarmerie. He not only endowed it it with old military traditions, meant to be respected and to last, but also gave it several valorous leaders such as Marshal Moncey.

The year 1804 witnessed the creation of the legion of « Elite » Gendarmerie attached to the Imperial Guard. It consisted of two mounted squadrons of two companies each.

COSTUMES DE L'ARMÉE FRANÇAISE
Gendarmerie à pied.

1791.	1805.	1815.	1818.	1845.	1845.
(Louis XVI.)	(Empire)	(Restauration)	(Restauration.)	(Louis-Philippe I.er)	(Louis Philippe I.er)
Gendarmerie Nationale	Comp.ie de reserve	Comp.ies Départementales	Gendarmerie départementale.		Gendarmerie de la Seine.

Gendarmerie à pied

L a loi du 16 février 1791 institue pour la sûreté publique une force régulière en uniforme sous le nom de Gendarmerie Nationale, formée en divisions, puis en légions. Cette gendarmerie s'appellera ensuite impériale, puis royale, puis départementale.

Formée en grande partie de l'ancienne maréchaussée royale, la nouvelle gendarmerie est chargée surtout de fonctions civiles : maintien de l'ordre, exécution des lois, police du territoire, sécurité des citoyens et défense des institutions. Le gendarme reste néanmoins militaire par le recrutement, la hiérarchie, l'uniforme, la solde, la discipline rigoureuse et les règles de l'avancement. On exige de lui qu'il ait servi, de manière exemplaire, au moins cinq ans dans l'armée ; son statut l'assimile au grade de maréchal des logis dans la ligne.

Dès 1801, la gendarmerie est organisée en 26 légions pour un effectif total de 15.330 hommes, officiers compris.

Le nombre de légions passe à 33 en 1811, sans compter celle de Gendarmerie d'Elite de la Garde impériale, ni les six légions engagées en Espagne. Par ailleurs, la gendarmerie reçoit comme appoint auxiliaire les compagnies de réserve créées en 1805.

On constate que, sous Napoléon, la gendarmerie connaît un essor sans précédent. Il lui donne une organisation matérielle, militaire, morale et spirituelle qui renforce l'esprit de corps et la cohésion de l'ensemble. Elle devient aussi une véritable force combattante comme l'attestent les noms de victoires qui s'inscrivent sur ses emblèmes. Enfin, son Premier inspecteur général, Moncey, est élevé à la dignité de maréchal en 1804.

La gendarmerie va subir une éclipse à la chute de l'Empire. Elle sera non seulement "épurée" mais aussi réduite. Une ordonnance de 1820 cependant la rétablit sur le pied précédent et certaines dispositions judicieuses sont prises concernant son organisation et ses statuts : notamment la création des compagnies départementales et la Légion Corse.

C'est pendant le règne de Louis-Philippe (1830-1848) que sont constituées : la Garde républicaine de Paris (avec l'ancienne Garde municipale), la gendarmerie des ports et des arsenaux, celle des colonies et, pour l'Algérie, une Légion de gendarmerie d'Afrique - avec un uniforme approprié au climat.

Plusieurs états étrangers ont pris exemple sur la gendarmerie française et son organisation militaire. On peut citer, entre autres : les gendarmeries belges et néerlandaises, les Carabiniers d'Italie, la Guardia Civile d'Espagne, Feldgendarmerie en Allemagne et la Police montée du Canada.

Dismounted Gendarmerie

T he Act of 16 February 1791 instituted for the maintenance of public security in the country a regular uniformed force entitled "Gendarmerie Nationale" formed first into divisions, later to become legions. This Gendarmerie force was subsequently to be named alternately Imperial, Royal and Departemental, before returning to its original title.

Largely composed of former members of the Royal Marshalsea, the new Gendarmerie first received largely civil functions such as : keeping law and order, carrying out of existing laws, policing the entire national territory, ensuring the citizens'security and the protection of the nation's institutions. However, in spite of all these different functions, gendarmes were expected to remain first and foremost soldiers. Indeed, their recruitment, hierarchy, uniforms, standards of pay, strict discipline and prospects of promotion were entirely military matters. A potential gendarme was expected to have served at least five years in the regular army and to have shown the most perfect conduct during that time. His very status, when accepted, conferred upon him the minimum rank of sergeant in the Army.

Since 1801, the Gendarmerie was organized into a force of 26 legions totalling a strength of 15.330 officers and non-commissioned officers.

The total number of legions was increased to 33 in 1811, not counting the Elite Legion of the Imperial Guard committed in the Peninsular War. Furthermore, in 1805, the Gendarmerie received as an auxiliary reinforcement the disposal of the newly created departmental reserve companies.

It was noteworthy that during Napoleon's reign the Gendarmerie took a great stride forwards. The Emperor had endowed this force with such a sound military, materialistic, moral and spiritual background that the strong *esprit de corps* and cohesion of this outstanding military body was greatly invigorated. The Gendarmerie also became a true fighting force during this period – as was attested by the victorious battle honours inscribed on their colours and standards. Lastly, Moncey, their first Inspector-General, was honoured in 1804 with the dignity of Marshal of the Empire.

Upon the downfall of Napoleon's Empire, the Gendarmerie was put into the shade for a while. It was not only "purged" of its none too royalistic members but also greatly reduced in strength. A regulation of 1820 however, not only re-established the Royal Gendarmerie to its former standing but also included a number of sensible arrangements taken concerning its organization and its status, such as the raising of auxiliary Departmental Companies and that of a new legion in Corsica.

It was during the reign of King Louis-Philippe (1830-1848) that the Parisian National Guard was established with members of the former Municipal Guards. Furthermore, various new Gendarmerie forces charged with watching over the security of ports, arsenals and various colonies came into being. The African Legion of Gendarmerie responsible for maintaining law and order in Algeria was also duly organized. It was permitted to wear a specially designed uniform more suited to the climate.

Several foreign states having taken example from the French Gendarmerie and its military organization established corps on a similar basis. One can mention in this field both the Belgian and Dutch Gendarmeries, the Italian Carabinieri, the Spanish Guardia Civile, the German Feldgendarmerie and the Royal Canadian Mounted Police.

COSTUMES DE L'ARMÉE FRANÇAISE.

Écoles Polytechnique, d'État-Major et de Cavalerie.

1795.	1805-14.	1816-27.	1828-41.	1841.	1841.
(République)	(Empire)	(Restauration)	(Rest.ion & Époque actuelle)	(Époque actuelle)	(Époque actuelle)
(École Polytechnique)	(École Polytechnique)	(École Polytechnique)	(École Polytechnique)	(École de Cav.ie de Saumur)	(École d'État-Major)
				(Sous Officier)	

Chez Aubert & C.ie Place de la Bourse.

Imp. d'Aubert & C.ie

Ecoles Polytechnique, Etat-Major et Cavalerie

A lors que le gouvernement avait supprimé toutes les écoles royales militaires au début de la Révolution, l'Ecole Polytechnique est créée en 1794 à Paris à l'initiative de Lazare Carnot. Bien que cet établissement, initialement nommé Ecole Centrale de Travaux Publics, ne soit pas essentiellement militaire, elle sera placée sous l'égide du ministre de la Guerre. L'admission, sur examens, était réservée aux seuls étudiants déjà couronnés, et, en ce qui concerne l'armée, était le lieu de passage qui conduisait aux échelons les plus élevés du corps d'état-major, de l'artillerie, du génie, des ingénieurs-géographes, des ingénieurs des fortifications et des poudres. Plusieurs maréchaux de France dont Joffre et Foch seront issus de Polytechnique.

Comme il a été indiqué dans la notice précédente, l'Ecole Spéciale de cavalerie est implantée à Saumur depuis le XVIIIe siècle, sauf pendant la Révolution et le Premier Empire. Ce sont les carabiniers de Monsieur qui s'établissent à Saumur en 1763, qui seront les fondateurs de l'enseignement de l'équitation militaire en France et les lointains ancêtres du Cadre Noir. Depuis 1814, les jeunes sous-lieutenants de cavalerie et les futurs capitaines-instructeurs seront formés ou perfectionnés à Saumur tant dans le domaine strictement militaire que dans celui de l'équitation classique et pratique. Le premier Carrousel de Saumur a été organisé en 1828, en présence de membres de la famille royale.

Choiseul, ministre de la Guerre sous Louis XV, crée une Ecole d'état-major en 1766. Elle sera supprimée en 1790. Pendant les guerres de la Révolution et de l'Empire, les jeunes officiers d'état-major, recrutés principalement parmi les aides-de-camp, se formeront « sur le terrain ». L'Ecole d'état-major va être rétablie par le maréchal de Gouvion Saint-Cyr, sous la Restauration, en 1817 pour disparaître de nouveau en 1880. Ce sera désormais l'Ecole Supérieure de Guerre instituée en 1878 à Paris qui sera responsable de la formation des officiers brevetés d'état-major.

Schools Polytechnic, General Staff and Cavalry

A lthough, since the start of the Revolution the goverment had abolished all Royal Military Schools, the Minister of War Lazare Carnot took the initiative to found a « Polytechnic » school in Paris in 1794. Initially, this establishment was named « Central School of Public Works » and was not essentially a military institution, it was nevertheless placed under the aegis of the War Minister. The mere possibility of sitting for the severe entrance examination to this school was limited to pre-selected candidates. Those students who chose a military career upon graduation held a direct chance of later reaching the highest levels of command within the General Staff, artillery, engineers, ordnance survey and arms factories, not forgetting the art of fortification. Several very famous Marshals of France, namely Joffre and Foch, had studied at « Polytechnique ».

As already stated on the previous page, the specialised French Cavalry School had been established at Saumur ever since the XVIIIth century but was closed down during the revolutonary period and the First Empire. Since 1763, the King's eldest brother's own regiment – « les Carabiniers de Monsieur » - had settled down in Saumur. They were the original founders of the precepts of military equitation in France and therefore the distant ancestors of the « *Cadre Noir* ». Ever since 1814, all junior cavalry subalterns and also future regimental instructors of captain's rank were trained and perfected at Saumur, not only in the military field, but also in classical and practical equitation. The first Saumur « Carrousel » (a kind of passing-out parade, including musical rides, tournaments of skill-at-arms, and various equestrian competitions) was held at the School in 1828 and was attended by members of the royal family.

In 1766, Choiseul, Minister of War to King Louis XV, created a staff college, but it was abolished in 1790. During the wars of the Revolution and the First Empire, junior staff officers were customarily chosen from amongst general's Aides-de-Camp, who were then expected to learn their duties through their own practical experience in the field.

The Staff-College was re-established by order of Marshal de Gouvion Saint-Cyr, Minister of War during the second Restoration (1815-1830). But it was again abolished in 1880. From then ownwards, the Superior War College, established in Paris in 1878, was solely responsible for the turning out of fully certificated Staff Officers.

COSTUMES DE L'ARMÉE FRANÇAISE.

Ecole Militaire

1785.	1794.	1802-14.	1809-14.	1816-30.	1841.
(Louis XV & Louis XVI.)	(République)	(Empire)	(Empire.)	(Restauration)	(Epoque actuelle)
	(Eleve de Mars)	(Ecole S¹ Cyr)	(Ecole de Cav¹ de S¹ Germain)	(Ecole S¹ Cyr)	(Ecole S¹ Cyr)

Imp. d'Aubert & C¹ᵉ.

Chez Aubert & C¹ᵉ Pl. de la Bourse

Ecoles Militaires

En 1751 stimulé, entre autres, par Madame de Pompadour, Louis XV fonde l'Ecole Royale Militaire à Paris destinée à la formation de 500 cadets-gentilhommes et crée une école militaire préparatoire à La Flèche en 1761. Par ailleurs, le ministre de la Guerre, Saint-Germain, met sur pied un vaste système de petites écoles militaires provinciales établies notamment à Sorèze, Brienne, Tournon, Vendôme et Pont-à-Mousson et dont les meilleurs éléments peuvent être appelés, après examen, à rejoindre l'établissement de Paris. Ce sera le cas du cadet Napoléon Bonaparte.

La Révolution supprime toutes ces écoles militaires, mais recrée en 1794, dans des baraques aux Sablons, une école pour certains fils de volontaires et de « sans-culottes », pompeusement appelée : Ecole de Mars. Affublés d'un costume plutôt ridicule, mi-romain mi-polonais, imaginé par le peintre David, la principale activité de ses 3.000 élèves consistera à parader dans les fêtes républicaines. Elle sera dissoute après seulement cinq mois d'existence dans une ambiance d'indiscipline continuelle.

Dès 1802, Bonaparte rétablit une nouvelle et véritable Ecole Spéciale Militaire pour former ses officiers d'infanterie, de cavalerie et d'état-major. Etablie d'abord au château de Fontainebleau en 1802, elle sera transférée dans l'ancien pensionnat de Saint-Cyr où elle restera jusqu'en 1940 et formera le « Premier bataillon de France ».

Les quatre écoles de cavalerie créées par le ministre Choiseul, en 1764, sont réunies à Saumur en 1777. Cette école supprimée pendant la Première République va renaître au château de Saint-Germain-en-Laye sur ordre de l'Empereur en 1808 mais en cinq ans d'existence elle ne formera que 315 officiers de cavalerie. L'Ecole de Cavalerie sera rétablie à Saumur sous la Restauration. Elle s'y trouve encore de nos jours.

Military Schools

King Louis XV incited amongst others, by Madame de Pompadour, founded the Royal Military School in Paris in 1751. It was intended that this establishment should educate and turn out 500 gentlemen-cadets over a three year course. The King also created, in 1761, a junior military preparatory school in the town of La Flèche. Furthermore, the Minister of War, Count de Saint-Germain, also established a vast system of small provincial military schools which were set up at Sorèze, Brienne, Tournon, Vendôme and Pont-à-Mousson. It was intended that only the brightest cadets of these preparatory schools should be entitled, after a difficult entrance exam, to join the main establishment in Paris. This was to be the path later to be followed by the young officer-cadet Napoleon Bonaparte.

The revolutionary government immediately abolished all these somewhat aristocratic military schools, but re-created, in 1794, an odd sort of militaro-patrotic place of learning for the deserving sons of some volunteers of the people and various « sans-culottes ». This establishment was housed in some wooden huts in the middle of the « Plaine des Sablons » in Paris, and pompously entitled « The School of Mars » Its students wore a rather ridiculous half-Roman, half-Polish dress costume designed by the renowned painter Louis David. The main activity of the students apparently consisted in making an appearance during various republican ceremonies and festivities. This « School » was promptly abolished however, after a five months existence spent in a permanent, hectic and indisciplined turmoil.

In 1802, Napoleon Bonaparte re-established a proper military college whose aim was to turn out perfectly trained officers for the infantry, the cavalry and the Staff corps. Initially established at the château of Fontainebleau, the college was transfered in 1808 to the former girls' boarding school of Saint-Cyr where it was to remain until 1940. The corps of officier cadets of this famous military college were nicknamed : « France's First Battalion ».

The four cavalry schools which the Minister of War Choiseul had created in 1764 were amalgamated and installed in the town of Saumur in 1777. Although it had been abolished by the Republican Government, Emperor Napoleon re-established the Cavalry School, in 1808, at Saint-Germain-en-Laye. But during its brief five years existence, it only managed to turn out 315 cavalry subaltern officers. However, France's Cavalry School was re-established in Saumur, its « home-town », during the Restauration in 1814. And there it still remains in the present day.

COSTUMES DE L'ARMÉE FRANÇAISE.

Tambours Majors.

1750-89.	1750-89.	1795.	1804-15.	1815-30.	1850-42.
(Louis XV et Louis XVI.)	(Louis XV et Louis XVI.)	(République)	(Empire.)	(Restauration.)	(Epoque Actuelle.)
(Gardes Françaises.)	(Gardes Suisses.)	(Troupe de ligne)	(Grenad.rs à Pieds.)	(Garde Royale)	(Troupe de Ligne)

Tambours-Major

La première mention d'un « bas-officier » appelé maître-tambour puis tambour-major nommé dans chaque régiment d'infanterie française remonte à 1651. C'est en 1762, qu'une ordonnance précise que ce sous-officier est responsable de l'enseignement des batteries aux tambours, que les musiciens lui sont subordonnés et que son grade est celui de sergent-major.

L'insigne de fonction caractéristique des tambours-majors n'est à l'origine qu'un simple bâton, servant d'instrument de correction pour les subordonnés fautifs et aussi pour battre la mesure. Par la suite, ce bâton se transforme en canne en bois verni, longue de 1,30 m, à pommeau et chaînette d'argent, utilisée pour indiquer aux tambours les différentes batteries à exécuter, suivant un code de gestes très précis.

Jacques Bouroux, tambour-major des Gardes françaises, qui avait instruit les tambours-majors de toute l'armée, réunis à Paris, pour uniformiser les batteries a reçu, en récompense, la croix de Saint-Louis des mains de Louis XVI en 1776.

Toujours choisis pour leur prestance et leur haute taille, les tambours-majors du Premier Empire portent des uniformes de plus en plus chamarrés et empanachés. Aussi, jusqu'en 1812, la plus grande fantaisie règne-t-elle dans leur accoutrement.

C'est « le beau et brave Sénot » le légendaire tambour-major des grenadiers de la Garde impériale, ancien capitaine au régiment d'Austrasie, devenu un favori de Napoléon depuis le coup d'Etat du 18 Brumaire, qui ouvre tous les défilés tant aux Tuileries que lors des entrées triomphales dans les capitales conquises. Il sera présent jusqu'à Waterloo.

Sous la Restauration et le règne de Louis-Philippe, les tambour-majors vont encore rivaliser de somptuosité suivant les caprices de leurs colonels. Outre leurs sabre et baudrier dorés, ils sont affublés d'énormes colbacks - cette coiffure d'origine orientale, ramenée d'Égypte par les Guides de Bonaparte.

Drum Major

The first mention in the history of the French Infantry of a non-commissioned officer entitled « Drum-Master » or « Drum-Major » goes back to 1651. Then, in 1762, a General Order specified that this non-commissioned officer should be given the rank of sergeant-major, and be in charge of the technical training of all the regimental drummers, and that the musicians of the band should be placed under his command.

Originally, the distinguishing mark of a drum-major was a simple cane used not only for chastising unruly drummer boys, but also for beating time. Gradually, this cane became an elaborate staff or mace 1,30 metre long, topped by a silver pommel and bound with a silver chain, and used for signalling to the drummers, in accordance with a distinct code of gestures, the various beats, rolls or calls to be performed.

A certain Jacques Bouroux, senior drum-major of the « Gardes Françaises » regiment, was put in charge of a course aimed at teaching and familiarising all the drummers of the French Infantry with the new standardised repertoire of drummers calls. As a reward, he was invested as a Knight in the Order of Saint-Louis, by King Louis XVI in person, in 1776.

Always chosen amongst the tallest non-commissioned officers of particulary martial bearing, Napoleon's drum-majors wore splendid colourful uniforms, bedecked with more and more gold or silver lace and braid and with long plumes adorning their head-dress. Prior to their normalisation in 1812 the choice and design of drum-major's uniforms had been left, more or less, to the fancy of each individual commanding officer.

The « brave and handsome Sénot » legendary drum-major of the Grenadiers of the Imperial Guard, and former captain in the « Austrasie » Regiment of the monarchy, had become a favourite of Napoleon ever since the latter's Coup d'Etat of the 18th Brumaire 1799. It was he who led all the big parades, not only at the Tuileries Palace and through the streets of Paris, but also through those of all the fallen capital cities of Europe. He remained at the head of his drummers until Waterloo.

During the Restoration and the reign of Louis-Philippe, drums-majors would once again rivalise in sumptuousness following their colonel's whims.

Besides their ornate shoulder belts adorned with gold oak leaves and lace, and their gilded dress swords, they wore huge black fur busbies, that head-dress of oriental origine, the first ones of which had been brought back from the Egyptian campaign by General Bonaparte's Corps of Guides in 1800.

COSTUMES DE L'ARMÉE FRANÇAISE.
Sapeurs.

1785.	1785.	1792.	1810.	1815-30.	1830-42.
(Louis XVI.)	(Louis XVI.)	(République)	(Empire.)	(Restauration.)	(Époque Actuelle.)
(Gardes Françaises.)	(Gardes Suisses.)	(Troupes de Ligne.)	(Grenad.rs de la Garde.)	(Garde Royale.)	(Troupes de Ligne.)

Sapeurs

Appelés soldats porte-hâches à leur création, puis soldats-charpentiers, les sapeurs d'infanterie n'ont rien de commun avec l'art de la sape des spécialistes du corps du Génie.

L'ordonnance de 1767, qui prévoit deux porte-hâches par compagnie, à l'imitation de ceux de Frédéric de Prusse, leur donne outre une forte-hâche, un grand tablier en peau de veau blanchie, un sabre à lame en dents de scie, un bonnet à poil et des attributs de baudrier frappés à la tête de Méduse.

Les sapeurs disparaissent pendant les guerres de la Révolution, Bonaparte les rétablit dès 1800 dans les grenadiers de la Garde des Consuls, où ils sont 32 sous les ordres d'un sergent-sapeur. Ils ne seront prévus dans l'infanterie de ligne, à raison de quatre par bataillon, qu'à partir de 1808.

Pour la parade, le groupe de sapeurs, à la stature imposante, défile toujours en tête du régiment, sur deux rangs, devant les tambours et la musique.

En campagne, ils ouvrent la marche du bataillon, tiennent le rôle de jalonneurs et interviennent, au besoin, pour ouvrir le passage aux colonnes d'attaque, en abattant d'éventuels obstacles.

Depuis la fin du XVIIIe siècle, le port de la barbe par les sapeurs est devenu une sorte de tradition. Ces barbes, magnifiques et naturelles sous l'Empire, surprennent les paysans de Russie qui s'étonnent de voir des rabbins guider les régiments français ! En revanche, sous Louis-Philippe les sapeurs de la Garde nationale de Paris se ridiculisent en achetant des barbes postiches chez le fournisseur de l'Opéra.

Il convient de ne pas oublier ici Mariole, « L'indomptable », le sergent-sapeur des grenadiers de la Garde impériale, doué d'une force herculéenne, qui présente les armes au Tsar Alexandre avec un petit canon de 110 k. tenu à bout de bras. Après cet exploit, Napoléon lui aurait ordonné de ne plus « faire le Mariole ». Sa statue orne toujours, à Paris, l'arc de triomphe du Carrousel.

Infantry Pioneers

Known originally as axe-bearers, later as carpenter-soldiers, infantry « Sapeurs » or Pioneers should not be confused with Sappers of the Engineer Corps.

A general order of 1767 provided for the presence of two axe-bearing pioneers on the rolls of each French infantry company, in imitation of those existing in Frederick the Great's Prussian army. They were equipped with heavy axes, large white leather aprons, saw-toothed short swords, bearskin caps and crossbelts ornamented with a Gorgon's head.

Infantry Pioneers were abolished during the Revolutionary wars, but Napoleon Bonaparte re-established them in the Foot Grenadier Regiment of his Consular Guards, where they numbered 32, led by a Pioneer-Sergeant. From 1808 onwards, every infantry of the Line battalion included four pioneers.

It was customary in a parade that the regimental pioneer platoon composed of tall vigorous men should march, in a double rank, ahead of the corps of drums and of the band.

In the field, and in battle, their role consisted in clearing a path for the troops following behind, destroying with their large axes impediments such as hedges, fences, gates or doorways, that could slow down the advance of a column.

Ever since the end of the XVIIIth century it had become a tradition that all Infantry Pioneers should be bearded. Those great, thick and genuine beards worn by French Pioneers during Napoleon's wars astounded the peasants of Russia who wondered why rabbis should march at the head of French regiments ! On the other hand, in King Louis-Philippe's days (1830 – 1848), the Pioneers of the National Guard were perfectly ridiculous when it was noticed that most of them wore false beards, bought from the usual purveyor of the Opera.

Whilst writing on the subject of French Infantry Pioneers, one cannot omit to mention Pioneer-Sergeant Mariole of the Grenadiers of the Imperial Guard, known as « The Indomitable ». This man was endowed with such Herculean strength that, one day, when passed in review by Tzar Alexander of Russia, he presented arms to the monarch holding a small cannon's barrel weighing over 110 kilos at arms length. Following this feat, Napoleon ordered him in future to stop « playing the mariole » (which was a pun on sergeant's name, the same word meaning a joker). To this day Mariole's statue (together with seven others, representing various military types) still decorates the small triumphal arch of « the Carrousel », facing the former Louvre Palace, in Paris.

COSTUMES DE L'ARMÉE FRANÇAISE.

Tambours.

1698.	1785.	1794.	1808.	1815-30.	1830-40.
(Louis XIV.)	(Louis XV et Louis XVI.)	République	(Empire.)	(Restauration.)	(Epoque Actuelle.)
(Gardes Françaises)	(Gardes Françaises)	(Troupe de Ligne)	(Troupe de Ligne.)	(Garde Royale)	(Troupe de Ligne)

Tambours

Ce sont les Suisses que Louis XI prend à son service en 1444 qui apportent en France l'usage des tambours des hommes à pied.

Lorsque Napoléon disait : « le tambour qui imite le bruit du canon est pour le soldat le meilleur des instruments » — c'est à un écrivain anglais, à l'issue des guerres de l'Empire, que revient la judicieuse recommandation suivante : « si un jour nous avons une nouvelle guerre contre les Français, il faut d'abord crever autant de leurs tambours que possible » !

En effet, les principales batteries de tambours, à la française, étaient déjà pratiquées sous le règne de Louis XIV. Lorsque sur les champs de bataille des XVIIIe et XIXe siècles, le bruit des armes à feu couvrait la voix des officiers, les tambours avaient un rôle important à jouer en battant les différents signaux d'évolutions. Ainsi, les ordres transmis grâce aux différentes batteries réglementaires telle « la charge » sont exécutés, à cadence de plus en plus accélérée, par tous les tambours d'un bataillon massés sur les flancs des colonnes d'assaut. Cela produit un effet moral d'une telle ampleur sur une troupe qu'elle en sera galvanisée et rendra son élan irrésistible.

Il était d'usage sous l'Ancien Régime et pendant les guerres de la Révolution d'enrôler des jeunes enfants de troupe de 14 à 16 ans pour en faire des tambours et plusieurs d'entre eux s'illustrent notamment, à Jemappes, à Arcole et en Égypte.

Sous l'Empire, et surtout dans la Garde, les tambours — au nombre de deux par compagnie, soit 24 pour un régiment — sont généralement des hommes d'âge plus mûr.

Les fûts de tambour, en bois sous la Monarchie et peints aux armes du roi ou du colonel, seront en laiton à partir du Directoire. Ils ne portent plus d'ornements et sont cerclés de tricolore puis de bois peint en bleu clair.

Drummers

It was generally considered that it were the Swiss mercenary troops, which King Louis XI enlisted in his army, in 1444, who were the first to introduce the use of drums in the French Infantry.

Although it was Napoleon who stated that drums were the most suitable instruments used for stimulating soldiers for war – since they imited the sound of cannon fire, it was a British author who wrote the following most sensible recommendation : « in the event of yet another war against the French, it should be wise to smash, beforehand, as many of their drumheads as possible » !

It was true that special French drumming technics had been practiced with effect ever since the reign of King Louis XIV. When the deafening din of firearms on XVIIIth and XIXth century battlefields drowned officer's voices and shouted orders, drummers played a very important part during combat in replacing the words of command by beating a set of different rolls indicating various tactical evolutions required.

Furthermore, the moral effect on troops played by massed drums marching on the flank of a battalion and beating « the charge »at an ever accelerated tempo, was often enough to give an irresistible impetus to an attacking column.

It had been a custom in the French Royal Army, and also during the wars of the Revolution, to enrol boys aged between 14 and 16 as drummers. Several of them are known to have performed individual acts of bravery in battle, notably : at Jemmapes, Arcola and during the Egyptian Campaign.

On the other hand, during the First Empire, and especially so in the Imperial Guard, the drummers – who were two in a company and twenty-four to a regiment – were generally men of mature age.

In the days of the Monarchy, French drum barrels were made of wood and painted to bear the Royal Arms, or those of the regimental colonel. From the time of the Directory (1795 – 1799) onwards, all drum barrels were of brass and devoid of any painted ornaments. The drums hoops were either tricolour or plain light blue.

COSTUMES DE L'ARMÉE FRANÇAISE.

Musiciens.

1786.   1786.   1806.   1822   1828.   1845.

(Louis XVI.)   (Louis XVI.)   (Empire)   (Restauration.)   (Restauration.)   (Louis Philippe I.er)

Cimbalier Negre.)   Gardes Françaises.   Grenadiers à pied de la Garde.   Infanterie de ligne.   Garde Royale.   Infanterie de Ligne.

Musiciens

La musique militaire acquiert, sous le règne de Louis XIV, une véritable importance. Le monarque lui-même s'intéresse vivement à cette question ; sur son ordre, les artistes les plus connus, parmi lesquels Lulli, doivent composer les batteries, les sonneries et les airs mis en usage dans l'armée française. Mais à cette époque, les instruments de musique utilisés dans l'armée se limitent encore aux trompettes, hautbois, tambours, timbales et aux fifres des Suisses.

Sous Louis XV et Louis XVI apparaissent de nouveaux instruments : la clarinette, la flûte, le cor d'harmonie, le basson et le serpent, jusqu'alors instrument d'église, permettant l'exécution des airs de marche. Les premières véritables musiques militaires, appelées « bandes » à l'époque, sont celles des Gardes françaises et suisses, dont les effectifs passent de seize instrumentistes en 1772, à trente-deux en 1788. C'est alors que la mode « à la turque » arrive en Europe et que les musiques militaires, tant à Paris qu'à Londres, Postdam et Vienne, se dotent de « chapeaux chinois » garnis de clochettes et surmontés du croissant ; et chacun d'engager des nègres enturbannés vêtus de costumes orientaux bariolés, auxquels on confie grosse caisse, cymbales, triangle et tambourins.

Pendant la Révolution, la musique devient officiellement un acte civique et connaît un développement dont bénéficie la musique militaire par l'emploi, dans les grandes fêtes patriotiques, de masses importantes d'instrumentistes de la Garde nationale et de celle du Directoire.

Napoléon, outre qu'il chante faux, n'a pas de penchant particulier pour la musique, mais apprécie en revanche, l'effet entraînant qu'avait la musique militaire sur le moral de ses troupes. Il garde une méfiance certaine à l'égard des airs révolutionnaires, aussi le « Ça ira », « La carmagnole » et « La Marseillaise » seront-ils interdits durant tout le Premier Empire. Il approuve cependant, les marches et sonneries magnifiques composées par Méhul, Gosset, Paër, Buhl et Gebaüer. Ce dernier, chef de la prestigieuse musique des Grenadiers à pied de la Garde impériale, allait périr dans les neiges de Russie, en 1812, après avoir laissé à la postérité plus de deux cents titres de marches militaires et de pas de manœuvre.

Musicians

It was during the long reign of King Louis XIV that military music first reached a certain level of importance. The Monarch himself happened to be particularly interested by this subject. At his demand, several of the best known artists of this period, such as Lulli, were requested to compose new trumpet calls and drum rolls and to put into appropriate music some of the popular marching songs of the French Army. But at that time, musical instruments in use in the Forces were still very limited : only trumpets, oboes, drums, kettledrums and the Swiss regiments' fifes existed.

Under Louis XV and Louis XVI however, new instruments appeared in the Army – such as clarinettes, flutes, French horns, bassoons and "serpents" – used only until then in ecclesiastic music. This enabled the playing of existing military marches. The first true military bands at that period were those of the French and the Swiss Guards, whose strength was increased from sixteen to thirty-two musicians between the years 1772 and 1788. It was at that time that the "Turkish mode" reached Europe and whose instruments were introduced simultaneously into military bands in Paris, London, Potsdam and Vienna. It became fashionable for bands, of the countries concerned, to enlist turbaned Negro musicians dressed in gaudy oriental costumes, who were trained to play "jingling johnnies", complete with rows of bells and surmounted by a brass crescent moon and also bass drums, cymbals, triangles and tambourines.

During the French Revolution, music officially became a "civic" act, consequently its development was encouraged to the benefit of military music. Great patriotic meetings and festivities were organised and during these frequent occasions important masses of military musicians from the National and the Directory Guards were assembled.

As for Napoleon, notwithstanding the fact that he sang out of the tune, he was not a particular lover of music but he greatly appreciated, however, the stimulating effect which military music had upon the morale of his soldiers. He always remained suspicious towards all revolutionary songs, and the playing of "Ça Ira", "La Carmagnole" and even of the "Marseillaise" was strictly forbidden during the days of the First Empire. He approved, on the other hand, the magnificent trumpet fanfares and stirring military marches specially created by some renowned French composers such as Mehul, Gosset, Paër, Buhl and Gebaüer. The latter, was the leader the famous band of the Grenadiers of the Imperial Guard, who was to die in the snows of Russia during the tragic retreat of 1812, after having left to posterity more than two hundred of his ceremonial and "tactical" marches or calls.

COSTUMES DE L'ARMÉE FRANCAISE.

Infanterie de ligne – Grenadiers.

1674.	1750.	1786.	1794.	1810.	1830-40.
(Louis XIV)	(Louis XV.)	(Louis XVI)	(République)	(Empire)	Restauration et Cost^{me} Actuel)

Chez Aubert Pl. de la Bourse

Imp. d'Aubert & Cie

Infanterie de Ligne-Grenadiers

Les grenadiers sont un héritage de l'Ancien Régime. Napoléon, qui sait admirablement jouer de l'émulation, leur témoigne sa sollicitude. A l'intérieur des bataillons de chaque régiment de Ligne existe une compagnie d'élite de grenadiers. Ces unités sont nées d'une arme, la grenade, employée sous Louis XIV pour les besoins de la guerre de siège, dont le maniement est si délicat qu'il exige des hommes choisis pour leurs qualités physiques et morales. Quand la grenade trop imparfaite a disparu, les grenadiers forment des compagnies d'élite qui prennent place sur le flanc droit ou en tête de chaque bataillon. Ils sont réservés pour les missions les plus importantes et les plus délicates, en premier l'assaut. Un régiment des « grenadiers de France » est formé en 1749, mais dissous en 1771, parce qu'il écrème les autres régiments (cela n'empêche pas la création en 1799, d'un régiment de grenadiers de la Garde des Consuls qui formera par la suite les grenadiers à pied de la Garde impériale).

Outre leur haute taille, les grenadiers de la Ligne sont reconnaissables à leurs épaulettes entièrement écarlates, à leurs grenades en drap découpé écarlate cousues sur les retroussis et aux galons, parements et plumet écarlates qui ornent la coiffure ; le plumet était blanc sous la monarchie. Enfin, comme les voltigeurs, ils sont armés du sabre briquet et doivent porter la moustache.

Infantry of the Line-Grenadiers

Grenadiers are a heritage of the old Monarchy in France. Napoleon who always supported the spirit of emulation particularly favoured them. Since the latter part of the eighteenth century each battalion in the Infantry of the Line had a company of picked men : the Grenadiers.

The term Grenadier recalls a weapon, the grenade, first employed mainly in siege warfare some time after 1660, during the reign of Louis XIV. In those days, the handling and flinging of these delicate and dangerous weapons demanded certain mental and physical qualities shown only by specially selected men. When the primitive and hazardous hand-grenades were eventually given up, the tall Grenadiers, forming the right flank or leading company in each battalion, were kept on. Their duty was to assume the more difficult tasks such as leading an assault. A regiment called « the Grenadiers of France » was raised in 1762 but had to be disbanded in 1771, since it deprived all the other regiments of their best men. This setback did not prevent Napoleon from creating the Grenadiers of the Consular Guard in 1799, which later became the Foot Grenadier Regiments of the Imperial Guard.

Apart from their fine physical aspect, Grenadiers wore distinctive head-dress, scarlet epaulettes and turnbacks. Their plumes originally white, later became scarlet. Similarly to « Voltigeur » or light companies, Grenadiers were armed with hangers and compelled to wear a moustache.

COSTUMES DE L'ARMÉE FRANÇAISE.
Infanterie de ligne.— Chasseurs et Voltigeurs.

1785-94.	1809-15.	1816-20.	1818-20.	1816-30.	1830-42.
(Louis XVI République.)	(Empire.)	(Restauration.)	(Restauration)	(Restauration.)	(Époque Actuelle)
(Chasseur.)	(Voltigeur. Inf.rie de Ligne.)	(Voltigeur, Lég.ons Dép.tes)	(Chasseur, Lég.ons Dép.tes)	(Chasseur, Garde Roy.le)	(Voltigeur Inf.rie de ligne.)

Infanterie de Ligne-Chasseurs et Voltigeurs

Il s'agit ici d'infanterie de ligne. Il ne faut pas confondre, par conséquent, les compagnies de chasseurs de la ligne - devenues voltigeurs par la suite - avec les chasseurs de l'infanterie légère, ni avec les futurs bataillons de chasseurs à pied (voir planche no 23).

Sous le règne de Louis XVI, chaque régiment d'infanterie de ligne reçoit une compagnie de chasseurs, dont les hommes portent les épaulettes vertes et rouges.

Les compagnies légères de l'infanterie de ligne, qui n'existent pas sous la Première République, sont recréées par Napoléon en 1804 sous le nom de voltigeurs. Elles sont composées d'hommes de petite taille mais robustes et bons tireurs, appelés à combattre en ordre dispersé.

Désormais chaque bataillon aura deux compagnies d'élite : celle des grenadiers (flanc droit) et celle des voltigeurs (flanc gauche). Ces derniers sont reconnaissables à leurs épaulettes et plumets jonquilles. Cette organisation va rester en vigueur dans l'infanterie française jusqu'en 1867 lorsque disparaissent, définitivement, les compagnies d'élite.

Au début de la deuxième Restauration, Louis XVIII veut rompre tout lien avec l'ancienne armée impériale, aussi remplace-t-il entre 1815 et 1820 l'infanterie de ligne et l'infanterie légère par des Légions Départementales composées chacune de deux bataillons d'infanterie « ordinaire » et d'un bataillon de chasseurs (habillés en vert foncé).

Il existe également dans la Garde royale, de 1815 à 1830, un régiment de chasseurs à pied. En fait, ce régiment (comme c'était le cas sous le régime précédent) n'est « chasseur » que de nom - puisque ses missions et son uniforme sont sensiblement identiques à ceux des grenadiers de la Garde.

Infantry of the Line-Chasseurs and Voltigeurs

This plate concerns the Infantry of the Line only. It is therefore hoped that no confusion arises between the Chasseur companies of the Line Infantry - which came to be called «Voltigeurs » - and those of the Light Infantry battalions, nor with the future battalions of « Chasseurs à pied » (as shown on adjoining plate n° 21).

It was during the reign of King Louis XVI that each Line Infantry Regiment was reinforced by a company of Chasseurs (Riflemen) who were recognisable by their green and red epaulettes.

The Infantry of the Line during the First Republic (1792–1804) included no light companies at all. These were reactivated by Napoleon in 1804 only, and then named « Voltigeurs ». These companies were formed with short sized, robust and agile men. They were trained to fight in skirmishing order and included the best marksmen.

Henceforce, each Infantry of the Line battalion included two « Elite » companies : one of Grenadiers (right – flank), and one of Voltigeurs (left – flank). The latter wore yellow epaulettes and plume. This organisation remained unchanged in the Fernch Army until 1867, when all « Elite » companies were definitively abolished.

At the start of the Second Restoration period (1815 – 1830), King Louis XVIII decided to break all bonds with the former Imperial Army, consequently he replaced, for several years, all Infantry of the Line Regiments by, what were called « Departmental Legions ». These were all-arms units, including two « ordinary » infantry battalions dressed in white, and one of « Chasseurs à pied » (riflemen) dressed in dark green.

The Royal Guard Division during the Restoration also included a regiment of Chasseurs à pied. Actually, as it had been the case during the First Empire, in spite of its title, this regiment had no real « chasseur connection » at all - since its duties, tactics and uniform were practically identical to those of the Grenadiers of the Royal Guard.

COSTUMES DE L'ARMÉE FRANÇAISE.

Inf.ie de Ligne. Cies du Centre.

1660.	1772.	1798.	1812.	1818.	1843.
(Louis XIV.)	(Louis XV.)	(République.)	(Empire.)	(Restauration.)	(Louis-Philippe I.er)
	Reg.t de Lyonnais.			Legions dep.les	Inf.ie de Ligne.

Chez Aubert & C.ie Pl. de la Bourse.

Imp. d'Aubert & C.ie

Infanterie de Ligne-Compagnies du Centre

Jusqu'aux dernières années du XVIIe siècle, l'infanterie française est encore composée de compagnies mixtes de mousquetaires et de piquiers en nombres à peu près égaux. Compte tenu du peu d'utilité de la baïonnette à manchon qui interdisait le tir et de la vulnérabilité des mousquetaires, notamment pendant la longue et délicate opération de chargement du mousquet, le rôle des piquiers consiste essentiellement à encadrer et à protéger les mousquetaires. Dès la mise en service du fusil à pierre et de la baïonnette à douille (celle qui permet le tir sans la retirer du fusil), les piquiers vont totalement disparaître vers la fin du règne de Louis XIV. Il sera formé alors des compagnies de grenadiers et, beaucoup plus tard, des compagnies de voltigeurs. On va les appeler compagnies de flanc ou d'élite. Dès lors, les compagnies « ordinaires », celles de fusiliers, prennent la dénomination de compagnies du Centre.

Il convient de rappeler ici, brièvement, quelques étapes marquantes dans l'histoire de l'infanterie française.

Après l'immense effort militaire réalisé sous le règne de Louis XIV, le pays se relâche. Malgré la victoire de Fontenoy en 1745 et l'influence bénéfique du maréchal de Saxe, les faiblesses et les tares de l'infanterie française vont éclater au grand jour lors de la guerre de Sept Ans (1756-1763).

Une sérieuse réorganisation et reprise en main de l'infanterie vont s'opérer à partir de 1775, ce qui permettra à plusieurs régiments de se couvrir de gloire en Amérique en 1781. Mais au souffle de la Révolution, l'armée de l'Ancien Régime s'effondre et lorsque les vieux régiments désorganisés et les bataillons de « volontaires nationaux » rencontrent l'ennemi, en 1792, c'est l'échec et parfois la déroute.

Sous l'impulsion de Carnet, c'est « l'amalgame » qui est entrepris avec la formation de deux cent-cinq « demi-brigades de bataille » d'infanterie à raison d'un bataillon de ligne, de l'ancienne armée, et de deux bataillons de volontaires par demi-brigade. Les résultats de cet amalgame, comme du rétablissement de la discipline, sont remarquables. C'est cette infanterie, solidement réorganisée, qui va permettre aux jeunes généraux de la République de remporter tant de succès sur le Rhin, en Italie et en Orient.

Aussi, Napoléon va-t-il hériter d'une infanterie incomparable forgée par huit années de campagnes et la mener encore à la victoire à travers l'Europe.

Après la chute de l'Empire, en 1815, l'infanterie française va subir une éclipse fâcheuse. Pour rompre avec un passé trop vivant, Louis XVIII supprime les régiments d'infanterie et crée des légions départementales, habillées de blanc. Après cette réforme maladroite, heureusement sans lendemain, il va reconstituer, en 1820, soixante nouveaux régiments d'infanterie. Ce seront les ancêtres directs de ceux de la conquête de l'Algérie, de Sébastopol, de Magenta, de la Marne et de Verdun.

Infantry of the Line-Centre Companies

Until the closing years of the XVIIth century, French infantry was still composed of mixed companies of both musketeers and pikemen in about equal numbers. Owing to the poor performance of the plug-bayonet-which when fixed on the barrel prevented the musket from being fired – and also due to the vulnerability of musketeers during the tedious and tricky loading operations – the pikemens' role would consist essentially in flanking and protecting the musketeers.

Soon after the issue to the infantry of flintlock muskets and of the socket – bayonet (which allowed firing without removing it) it became obvious that pikemen were now of little necessity. The latter, had completely disappeared towards the end of Louis XIV' s reign in 1715.

The establishment of grenadier companies was to follow and, many years later, that of light companies. These new units came to be called elite or flank companies, whereas the "ordinary" ones were known as centre companies (or "battalion" companies in the British Army).

From then onwards, the history of the French infantry can be briefly summarized as follows :

After the immense military effort made during Louis XIV' s reign, the Nation's energy began to slacken down. In spite of the French victory at Fontenoy in 1745 and of Marshal de Saxe's positive influence, the failings and defections of the French Army will break out to the fore during the disastrous Seven Years War (1756-1763).

A thorough re-organization and "taking in hand" of the infantry was deemed most necessary and was duly undertaken from 1775 forwards. This effort will bring about the excellent account which the French infantry regiments, committed in the American War of Independence, gave of themselves. The brutal oncome of the Revolution however will lead to the breaking down of the French infantry. When the disorganized old royal regiments, together with the undisciplined national volunteers, first met the enemy in 1792 they were often checked and sometimes defeated.

Under the most stimulating impulsion of the Minister of War Carnot, this situation was soon changed. Owing to his policy of "Amalgamation" which brought together within each of the two hundred and five newly established "half-brigades" (as regiments were then called) a line battalion of the old Royal Army and two recently formed "Volunteer" battalions – under a single experienced leader. The positive results of this amalgamation combined with the severe tightening up of military discipline brought about remarkably rapid results. Henceforth, the entirely reorganized French infantry placed in the hands of keen young Republican generals will obtain most favourable results, particularly so on the Rhine, in Italy and in the Near-East.

This will leave Napoleon, upon his coming to power, with the heritage of a matchless infantry arm, which had been "forged" into shape by eight years of continuous campaigns. He will then lead it on to victory all over Europe for yet another twelve years.

After the fall of the First Empire in 1815, the French infantry was to be somewhat placed into the shade. With a view to disrupting all former links with the epic Napoleonic period, King Louis XVIII decided to disband all the old infantry regiments and eradicate their traditions. He thereupon established the Departemental Legions, all-arms units dressed in white uniforms. Following this most tactless reform. Which fortunately was not permanent, the King decided in 1820 to re-activate, on a new basis, sixty of the former numbered infantry regiments. These came on to be the direct ancestors of those of the conquest of Algeria, of Sebastopol, Magenta, the Marne and Verdun.

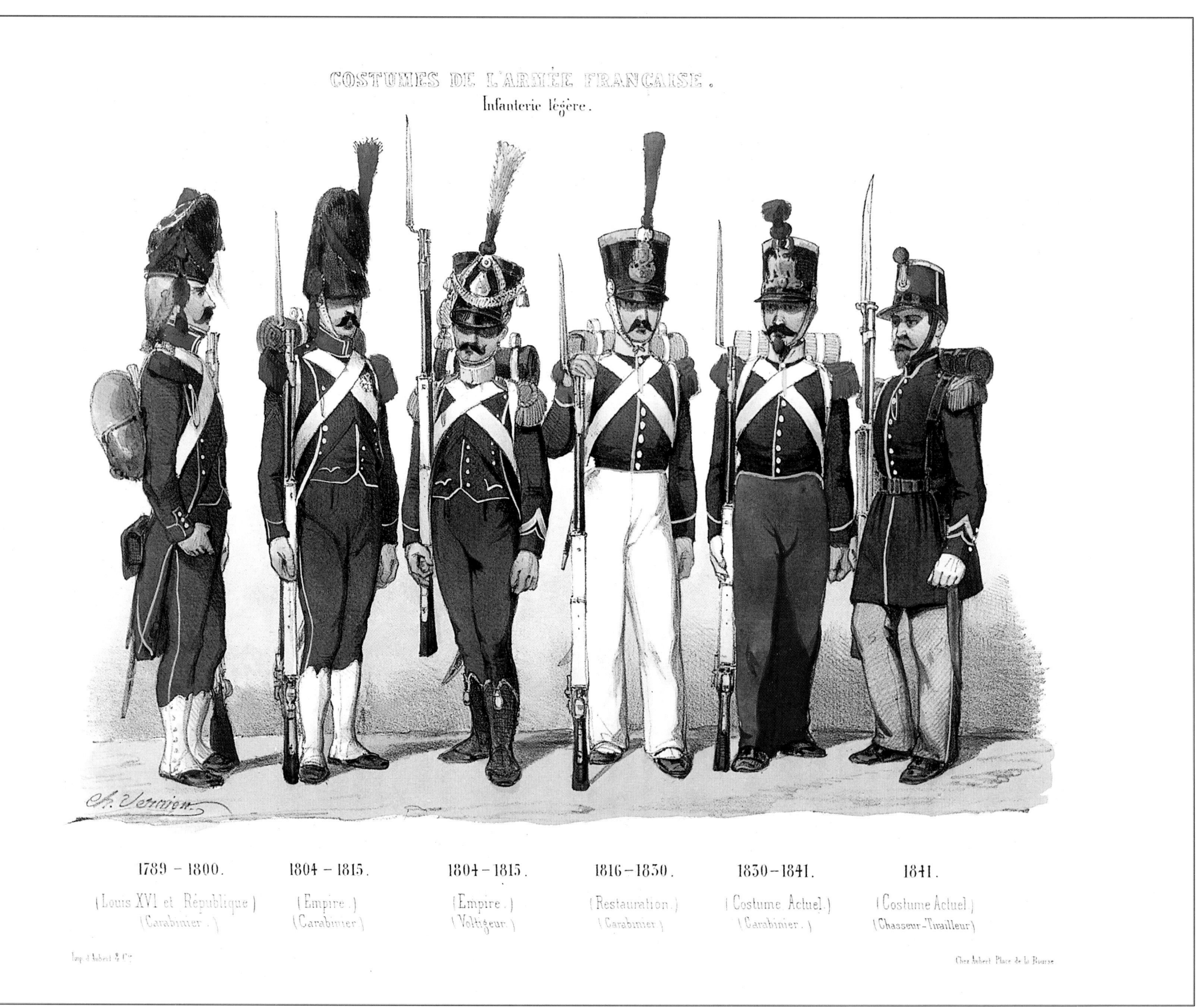

COSTUMES DE L'ARMÉE FRANÇAISE.

Infanterie légère.

1789 – 1800.	1804 – 1815.	1804 – 1815.	1816 – 1850.	1850 – 1841.	1841.
(Louis XVI et République)	(Empire.)	(Empire.)	(Restauration.)	(Costume Actuel.)	(Costume Actuel.)
(Carabinier.)	(Carabinier)	(Voltigeur)	(Carabinier)	(Carabinier.)	(Chasseur-Tirailleur)

Imp. d'Aubert & C.ie   Chez Aubert Place de la Bourse

Infanterie Légère

Les premières troupes légères de l'armée française sont créées sous Louis XIV. Il s'agissait alors d'unités auxiliaires mixtes, sortes de « légions » comprenant chasseurs à pied, chasseurs à cheval et dragons aux noms restés célèbres, tels que : chasseurs de Fischer, arquebusiers de Grassin, fusiliers des montagnes du Roussillon, légion de Conflans et volontaires du Hainaut.

En 1776, ces corps sont supprimés, mais en 1784, sous Louis XVI, six nouvelles unités mixtes de chasseurs à pied et à cheval sont de nouveau créées. Ce sont les Chasseurs des Alpes, Pyrénées, Vosges, Cévennes, Ardennes et Gévaudan.

En 1788, enfin, les chasseurs à pied deviennent autonomes. Les six bataillons sont portés à douze et l'infanterie légère est véritablement née.

Sous le nom de demi-brigades puis régiments d'infanterie légère, ces unités participent à toutes les campagnes de la Première République et du Premier Empire.

Chaque bataillon d'infanterie légère se compose de quatre à neuf compagnies. La première est formée de carabiniers, la dernière de voltigeurs, toutes les autres « du centre », de chasseurs. Les carabiniers sont la compagnie d'élite de « flanc droit » équivalente à celle des grenadiers dans l'infanterie de ligne. Ils portent toutes les marques distinctives attribuées à ces derniers : le bonnet à poil (remplacé en 1812 par le shako) ainsi que le collet, le plumet, les épaulettes, la dragonne de sabre écarlates.

Composée d'hommes petits, mais énergiques et lestes, choisis en principe parmi les meilleurs tireurs, la compagnie d'élite de voltigeurs est celle qui se forme sur la gauche du bataillon à la parade et qui fournit les vagues de tirailleurs qui éclairent et protègent son front et ses flancs lors de la marche à l'ennemi.

Les voltigeurs se reconnaissent à leurs couleurs distinctives : jonquilles et vertes.

Les premiers bataillons de chasseurs à pied (*voir dernier personnage a droite*) sont créés à Vincennes en 1837 à l'initiative du duc d'Orléans, certains bataillons existent encore de nos jours. En revanche, les régiments d'infanterie légère sont tous définitivement supprimés en 1854.

Light Infantry

The first French « light troops » were raised during the reign of King Louis XIV. They were originally formed as independent, irregular, all-arms units including both mounted and dismounted riflemen (« chasseurs ») and dragoons. They were usually referred to by the name of their colonel or their recruiting area, such as Chasseurs de Fischer, Arquebusiers de Grassin, Fusiliers of the Roussillon Mountains, or Legion of Conflans.

In 1776, these units were all disbanded, but in 1784 during the reign of Louis XVI, six « mixed » Chasseur units were again created and named after French mountainous areas : Alpes, Pyrénées, Vosges, Cévennes, Ardennes and Gévaudan.

Finally, in 1788, the dismounted riflemen or « Chasseurs à pied » became autonnous. From six battalions they were increased to twelve, which were to form the nucleus of the new Light Infantry arm. During the wars of revolutionary France the Light Infantry units, then referred to as « half-brigades » took part in every campaign. Later, as regiments, they partook in all the Napoleonic wars.

Each battalion of Light Infantry included between four and nine companies. The first, or right-flank company was composed of Carbineers who were the equivalent to the Grenadiers of the Line-Infantry. The last, or left-flank company was called « Voltigeurs ». All other « centre » companies were referred to as « Chasseurs ». Carbineers wore a beaskin cap (re-placed by a shako in 1812), with a scarlet plume. Their collars, epaulettes and sword-knots were also of that hue.

The Voltigeurs included the shorter, more agile men and best marksmen in a battalion. Their role was to create cover, for the advancing ranks of the rest of the battalion, in their skirmishing formation.

Voltigeurs were recognisable by their distinctive colours : yellow and green.

The ultimate creation of battalions of true riflemen in the French army occurred at Vincennes, in 1837, when Duke of Orléans, the eldest son of King Louis-Philippe, raised once again, under a different form, the « Chasseurs à pied » as autonomous units (see the figure on far-right of adjoining plate). Some of these battalions still exist in the present day. On the other hand, all French Light Infantry Regiments were definitively done away with in 1854.

COSTUMES DE L'ARMÉE FRANÇAISE.

Chasseurs et Tirailleurs.

1793.   1797.   1799.   1805.   1808.   1812.

(République)   (République.)   (Empire.)   (Empire.)

Chasseur de Byron.   Chasseur d'Inf.ie Lég.re   Chasseur de Paris.   Tirailleur du Pô.   Tirailleur.   Garde Impériale.   Chasseur à pied

Chasseurs et Tirailleurs

Il n'est pas aisé de marquer une différence précise entre le chasseur et le tirailleur puisque les deux remplissaient à l'origine les mêmes missions.

Il existait des chasseurs dans les troupes légères de l'Ancien Régime, mais le maréchal de Saxe appelait dédaigneusement « tirerie » ce qu'on appellera plus tard le combat des tirailleurs. Les flanqueurs, les éclaireurs et les chasseurs du XVIIIc siècle étaient en réalité des tirailleurs comme l'avaient été, en d'autres temps, les vélites et les frondeurs romains, ou les archers et arbalétriers du Moyen Âge. Bref, les qualités qu'on exigeait des chasseurs comme des tirailleurs étaient les mêmes. Ce devaient être des hommes intelligents, lestes, résolus, bons tireurs, aptes à veiller à la sûreté des troupes à l'arrêt, d'éclairer et de flanquer les colonnes en marche, d'engager rapidement le feu, de marcher aux reconnaissances et de servir de guides.

Les chasseurs de Byron ou Biron constituent une troupe légère, irrégulière créée en 1792 en Provence, vraisemblablement par le citoyen-général du même nom, ci-devant duc de Lauzun. Ils sont armés d'une carabine à balle forcée, qui nécessite l'emploi d'un maillet, et d'une curieuse pique à deux branches qui sert de fourche pour assurer la stabilité de la carabine pendant le tir.

C'est sous Louis XVI que les troupes légères auxiliaires sont supprimées et remplacées par des légions mixtes de chasseurs à pied et à cheval, habillées de vert foncé. Les chasseurs à pied, devenus autonomes, forment sous la Révolution 26 demi-brigades d'infanterie légère vêtus de bleu foncé. Chaque bataillon comprend une compagnie de carabiniers et six de chasseurs, reconnaissables à leurs épaulettes vertes et rouges.

Les chasseurs de Paris sont une formation éphémère de volontaires, rattachée à la garde nationale de Paris de 1793 à 1799.

Bataillon expéditionnaire piémontais, recruté à Turin, les tirailleurs du Pô sont créés en 1804. Après s'être particulièrement distingués à Austerlitz et à Ebersberg, en Bavière en 1809, ce bataillon est licencié en 1811 pour être incorporé au 11e Léger.

C'est après la campagne de 1807 que Napoléon décide d'augmenter les effectifs de l'infanterie de la Garde impériale et de la rajeunir. Ainsi crée-t-il en 1809 deux régiments de Tirailleurs-grenadiers et deux de Conscrits-grenadiers de la « Jeune Garde », qui deviennent en 1810, les quatre premiers régiments de Tirailleurs de la Garde, rattachés au corps des Grenadiers.

Deuxième corps de troupe de la Garde à pied dans l'ordre d'ancienneté, les Chasseurs à pied sont considérés comme les « jumeaux » des Grenadiers de la Vieille Garde : même origine, mêmes qualités, même recrutement (mais de plus petite taille), mêmes missions, même historique, même culte de l'Empereur et enfin, même fin tragique à Waterloo.

Light Infantrymen and Riflemen

It is not a simple exercise to make a precise difference between a light infantryman and a rifleman since basically both of these types of soldiers fulfilled the same tasks and served a similar purpose.

Chasseurs were light infantrymen, who existed already in the "Light Troops" of the Old French Monarchy – that is before the Revolution of 1789 – It is said that Marshal de Saxe considered these troops scornfully, calling "potting around" what was later known as light infantry tactics and training or open skirmishing order. In fact, eighteenth century flankers, scouts and various types of sharpshooters, skirmishers or whatever, could already be considered as light infantrymen proper-since somewhat similar troops had hence existed in ancient history : such as the lightly armed "velitis" and slingers of Roman days, or the bowmen and crossbowmen of the Middle Ages. In short, the ideal qualities of all "Light Troops" were identical. They were expected to be, all at once, intelligent, crafty, agile and determined men – also fine shots, having the necessary ability of ensuring the protection of stationary troops, of reconnoitering routes, and of covering the flanks and rear of troops on the move, of opening fire instantly and of acting as guides, qualified in marking out itineries when requested.

Byron's (or Biron) Chasseurs were an irregular corps of light infantry established in 1792, in Provence, by the "Citizen-General" of that name, former Duke of Lauzun. They were armed with spiral - grooved rifles which needed the use of a wooden mallet to force the ball down into the barrel and a peculiar forked double - pronged short pike which could be used as a support for the weapon when firing.

It was during the reign of Louis XVI that the French auxiliary light troops were disbanded and replaced by regular mixed "Legions" composed both of light infantry and light cavalry called Chasseurs, all wearing dark green uniforms. During the revolutionary wars, the Chasseurs à pied battalions, who had in the meantime become autonomous, formed 26 three-battalion-strong "Half-Brigades" of light infantry, then dressed in dark blue. Each of their battalions included a right-flank company of "carabiniers" and six of chasseurs, recognisable by their green and red epaulettes.

The Parisian Chasseurs were a short-lived volunteer unit which was attached to the capital's National Guard between 1793 and 1799.

Initially entitled "Piemontese Expeditionary Battalion" and recruited in Turin, the "Pô Riflemen" were established in 1804 in Napoleon's army. After having given the very best account of themselves at Austerlitz and at Ebersberg, in Bavaria in 1809, this battalion was finally merged into the 11th Light Infantry Regiment in 1811.

Following his campaign of 1807 in Poland, Napoleon decided to increase the strength of the Imperial Guard infantry and also to "rejuvenate" it. This resulted in the establishment of two regiments of "Tirailleurs-Grenadiers" and two of "Conscript-Grenadiers" who came to be called the "Young Guard" and who, in 1810, were to form the first four regiments of "Tirailleurs" of the Guard (Guard-Riflemen) attached to the corps of Grenadiers.

Although junior to the Grenadiers of the Guard in the order of precedence, the Chasseurs à pied were usually considered their "twin" regiment within the "Old Guard". They had the same origin, the same qualities were recruited from the same-sources (although shorter in size), had the same duties, the same history, the same devotion to Napoleon and the same fateful end at Waterloo.

COSTUMES DE L'ARMÉE FRANÇAISE.
Troupes Corses.

1758.

Louis XV.
(Royal Corse.)

1772.

Louis XV.
(Régt provincial de l'Ile de Corse)

1772.

Louis XV.
(Légion Corse.)

1816.

Restauration.
(Légion Corse, Grenadiers.)

1830 43.

Louis Philippe.
(Voltigeurs Corses.)

Troupes Corses

Dès 1524, les corses sont militairement attirés vers la France lorsque Sanpiero di Bastelica conduit un renfort de mille hommes à François 1er.

Puis en 1569, Alphonse d'Ornano, futur maréchal de France, rejoint l'armée du Languedoc avec un régiment qui combat dans les rangs français jusqu'en 1626.

Au siècle suivant, la venue en France de soldats corses est la conséquences des luttes malheureuses soutenues contre les Génois. La France procure un asile à ces proscrits par la création en 1739 du régiment Royal-Corse.

Le colonel et l'adjoint de ce corps sont français mais tous les autres officiers sont choisis parmi les familles les plus influentes de la Corse, les Arrighi, Buttafuoco, Grimaldi, Carbuccia... Dès sa première campagne le Royal-Corse est toujours digne de sa réputation. En 1788, il sera transformé en deux bataillons autonomes qui deviennent respectivement : "Chasseurs Royaux Corses" et "Chasseurs Corses".

Mais déjà la Corse est réunie à la France.

Le régiment provincial levé en 1769 par Buttafuoco devient en 1772 le corps franc de l'île de Corse dont il porte le costume national avec son curieux bonnet phrygien noir. Il ne quittera jamais l'île et sera supprimé en 1778 pour former un régiment de grenadiers royaux.

La Légion Corse de Louis XV, qui n'eut jamais l'occasion de combattre, ni même de servir en Corse, n'a vécu qu'un peu moins de six ans. En 1775, alors qu'elle est en garnison à Libourne, elle perd son infanterie qui est incorporée dans le régiment Royal-Corse et prend le nom de Légion du Dauphiné.

Une nouvelle Légion Corse à cinq bataillons est levée en 1805 par ordre de l'Empereur, mais elle passe au service du royaume de Naples et reprend le nom de Royal-Corse en 1807.

En 1815, les corses au service de Murat refusent de servir contre la France et quittent l'armée napolitaine.

Une des légions de la gendarmerie stationne en Corse et, en raison du climat, porte une tenue spéciale avec un chapeau noir à bords relevés. C'est la 17e légion. Elle a pour auxiliaire la Légion Corse en 1815 et 1816, puis le bataillon de voltigeurs corses, créé en 1822, par ordre de Louis XVIII. Ce bataillon, implanté à Bastia et Ajaccio, a un effectif de 405 hommes, tous insulaires.

Outre l'empereur Napoléon 1er, la Corse a donné beaucoup de grands ou de valeureux soldats à la Patrie. On peut citer, entre autres, les trois maréchaux d'Ornano ; le maréchal Sébastiani de La Porta, grand cavalier du Premier empire ; le général Arrighi de Casanova, duc de Padoue, héros de Saint-Jean d'Acre, de Marengo et de Wagram ; les généraux Cervoni et Franceschi, tués respectivement à Eckmühl et à Dantzig. Il convient de mentionner enfin, qu'un siècle plus tard ce sera, en grande partie, grâce au futur maréchal Galliéni, Gouverneur militaire de Paris et à ses taxis, que Joffre pourra remporter la victoire décisive de la Marne en septembre 1914.

Corsican Troops

Ever since 1524, the Corsican people had been attracted by France in the military field, and so it came about that a certain Sanpiero di Bastelica recruited and led a contingent of a thousand men to re-inforce the army of King Francis 1st of France. Later, in 1569, Alphonse d'Ornano, future Marshal of France, joined up with the French army fighting in Languedoc at the head of a Corsican volunteer regiment, which remained in the French service until 1626.

During the following century, the arrival in France of numerous Corsican soldiers was a result of the latters' setbacks in their continuous wars against the Genoese. So France provided a stable political asylum to these banned outlaws by raising, for them, the Royal Corsican Regiment in 1739. Both the colonel and the second-in-command of this regiment were Frenchmen, but all the other officers had been chosen from amongst the leading families of Corsica such as the Arrighi,Buttafuoco, Grimaldi, Carbuccia… Ever since its first campaign, the « Royal Corse » always proved its fine warlike qualities in conformity with its reputation. In 1788 this regiment was split up into two autonomous battalions which respectively became the Royal Corsican Rifles and the Corsican Rifles. But by this time Corsica had already become united to France.

The « Provincial » regiment raised by Buttafuoco in 1769 became known as the Corsican Rangers in 1772 and was therefore garbed in Corsican national dress with a kind of black Phrygian cap as head-dress. This regiment never left the island and was disbanded in 1778 helping to form a regiment of Royal Grenadiers.

King Louis XV's Corsican Legion, an all-arms unit, which only existed for six years, curiously never served nor fought in its island. In 1775, while stationed in Libourne, it changed its title and became the Dauphiné Legion. Most of its infantry contingent was duly transferred into the Royal Corsican Regiment.

However, a new Corsican Legion, five battalions strong, was raised in 1805 by order of Emperor Napoleon but it was soon incorporated into the Neapolitan army. When Marshal Murat, who had become King of Naples, turned against Napoleon in 1815, this regiment refused to fight against France and so definitively left the service of Naples.

During the First Empire, the 17th Legion of Gendarmerie was stationed in Corsica and on account of the climate was compelled to wear a special light-weight uniform with a black slouch hat. In 1815 the Corsican Legion and later, a battalion of « Voltigeurs Corses », were attached to this 17th Legion. The « Voltigeurs », raised in 1822 by order of King Louis XVIII, were 405 strong and consisted entirely of the true Corsican-born volunteers. They were in garrison both in Bastia and Ajaccio.

Besides its greatest man, Napoleon Bonaparte, Corsica provided France with many most distinguished and valorous soldiers. Amongst these one must mention no less than three Marshals of France from the d'Ornano family ; Marshal Sébastiani de La Porta one of Napoleon's most famous cavalry leaders, as well as General Arrighi de Casanova, Duke of Padua, hero of the siege of Acre in 1799 and of Marengo and Wagram ; then also, Generals Cervoni and Franceschi killed respectively at Eckmühl and at Dantzig. A century later, the future Marshal of France Galliéni, then Military Governor of Paris – by committing all the capital's taxi-cabs loaded with reinforcements – played an important part in helping Joffre to win the decisive battle of the Marne in September 1914.

COSTUMES DE L'ARMÉE FRANÇAISE.

Timbaliers.

Chez Aubert & C.ᵉ Pl. de la Bourse 29

Imp. d'Aubert & C.ᵉ

1727.	1727.	1727.	1808.	1850.	1854.
(Louis XV.)	(Louis XV.)	(Louis XV.)	(Empire.)	(Restauration.)	(Louis-Philippe 1ᵉʳ)
Gardes-du-Corps.	Gendarmes de la Garde.	Régiment de Villeroy.	Lanciers Polonais G.ᵈᵉ Impériale.	Gardes du Corps	1ᵉʳ Reg.ᵗ de Carabiniers

Timbaliers

Les timbales, ces très anciens instruments de percussion d'origine orientale, pénètrent en Europe après les Croisades. Les cavaliers allemands et hongrois sont les premiers à en faire usage. Ce sont ces derniers qui les introduisent en France au milieu du XVe siècle. Ce n'est qu'au XVIIe siècle que l'on commence à les utiliser par paires dans certains régiments de cavalerie. Les premières timbales françaises sont celles prises sur l'ennemi dans les guerres de Louis XIV contre les Allemands. Les régiments qui s'en emparaient, recevaient l'autorisation spéciale du roi de les conserver en souvenir de leur victoire. De là viendra l'usage de regarder les timbales comme des insignes qu'il était déshonorant de se laisser enlever au combat. On n'était pas moins sensible à leur perte qu'à celles d'un étendard.

Mais, bientôt, Louis XIV qui avait une certaine admiration pour les timbaliers, dota les unités montées de sa Maison de ces précieux instruments — à l'exception des mousquetaires qui avaient des tambours. Finalement, toute la grosse cavalerie en sera pourvue, mais ni les dragons ni la cavalerie légère n'en recevront.

Supprimées en 1776, quelques régiments possèdent encore des timbales à la veille de la Révolution. Elles seront interdites à partir de 1791, mais vont réapparaître dès 1801 dans la Garde consulaire — future Garde impériale — ainsi que chez les carabiniers.

Sous l'Ancien Régime, les timbaliers étaient pris parmi les hommes d'une valeur éprouvée, à cause de l'importance qu'on attachait à la conservation des timbales. Sous le Premier Empire, par contre, les timbaliers sont souvent de jeunes garçons. Ces derniers, vêtus avec un luxe des plus recherché, sont flaqués dans les défilés de deux cavaliers chevronnés qui mènent, à la longe, la monture que l'enfant serait éventuellement incapable de diriger convenablement.

Chaque timbale est garnie d'un tablier de damas ou de satin portant, sous l'Ancien Régime, les armes brodées du maître de camp. Sous Napoléon, ce sera l'aigle impériale. Les carabiniers se reconnaissaient toujours à leur grenade à neuf flammes.

Kettledrummers

The most ancient among percussion instruments of oriental origin, kettledrums, were first brought to Europe during the Crusades. German and Hungarian mounted troops were the first to make use of them. It were the latter who first introduced them in France in the middle of the XVth century. These instruments were first used in pairs, by certain cavalry regiments, in the XVIIth century only. The first French kettledrums were those which had been captured from the enemy during King Louis XIV's wars in Germany. Those regiment concerned were obliged to receive special permission from the King before being allowed to march with kettledrums beating at their head, as a visible token of their valour. This practise led to the tradition of regarding these instruments as precious regimental emblems whose loss in battle could bring as great discredit as the loss of a standard.

King Louis XIV, who showed a certain admiration towards kettledrummers, soon presented elaborate pairs of these instruments to each cavalry unit of this own Household Troops – with the exception of the mounted Musketeer companies which, traditionally, always carried ordinary infantry drums. Eventually, all French Heavy cavalry regiments were granted kettledrums but this royal decision included neither Dragoons nor Light cavalry.

Abolished, in principle, during the reign of King Louis XVI a few regiments still managed however to keep kettledrums right up to the Revolutionary period. Although they were definitively done away with in 1791, these precious instruments once more reappeared in 1801, both in the Consular Guards - the future Imperial Guards – and also in the two mounted Carbineer regiments.

In the days of the former French Monarchy, kettledrummers were found amongst senior experienced troopers on account of the high symbolic value attached to the safe-keeping of these drums. Under the First Empire on the other hand kettledrummers, particularly so in the Imperial Guard, were chosen among the young trumpeters. They were dressed in the most splendid and luxurious uniforms but, for safety' sake, these young men, marched between two mounted veteran troopers holding leading reins in order to control, if necessary, the drum-horse's movements.

Each kettledrum was adorned with an elaborate satin, gold laced and tasselled, drum-banner which under the Monarchy showed the Royal, or the Colonel's own, coat of arms. In Napoleon's days, a gold embroidered eagle appeared as the centre-piece of the banner. The Carabineers' drum-banners always showed their caracteristic nine-pointed flaming grenade.

COSTUMES DE L'ARMÉE FRANÇAISE.

Trompettes.

1750 – 89.	1795.	1811.	1829.	1843.	1843.
Louis XV & Louis XVI	République	Empire	Restauration	Époque actuelle	Époque actuelle.
(Chevau-légers de la Garde)	(Gren.) la Garde du Direct.re	(Lanciers de la Garde)	(Chasseurs de la Garde)	(1er Hussard)	(Garde Munic.e de Paris)

Trompettes

Depuis très longtemps, sinon depuis le début de l'Histoire, les troupes montées ont toujours utilisé pour communiquer, la trompe ou la trompette.

Très vieil instrument, la trompette est nommée dans la Bible. Il est difficile de déterminer l'époque où les formes actuelles de la trompette ont été adoptées, encore que celles dont on sonnait déjà en 1600 ne différaient guère des instruments en usage au XIXe siècle.

Dès le règne de Louis XV, il y aura dans la cavalerie un, puis deux, trompettes par compagnie, c'est-à-dire 16 pour un régiment à quatre escadrons, placés sous l'autorité d'un brigadier-trompette, remplacé plus tard par un trompette-major. Ce dernier sert également de « porte-voix » au colonel en traduisant tous ses ordres en langage musical, non seulement pendant les revues, mais surtout sur le champ de bataille. Ces sonneries sont ensuite répercutées par les trompettes de tous les escadrons.

Sous l'Ancien Régime, outre les magnifiques fanfares et marches composées pour la plupart par Lulli, les sonneries réglementaires transmettant les ordres étaient réduites initialement à neuf airs : le cavalquet, le guet, la chamade, le boute-selle, à cheval, à l'étendard, la charge, le ralliement, la retraite.

Dans les usages plus modernes, c'est-à-dire depuis le Premier Empire, ces sonneries sont au nombre de trente-deux. Elles traduisent non seulement toutes les phases de la vie journalière dans un quartier de cavalerie, depuis le réveil jusqu'à l'extinction des feux en passant par la visite médicale, le pansage des chevaux, l'abreuvoir, la soupe, le vaguemestre, le rassemblement, la relève de la garde, etc., mais elles prévoient aussi toutes les formations, les allures, les évolutions et les manœuvres tactiques d'une troupe de cavalerie sur le terrain.

Les trompettes des troupes montées sont des cavaliers privilégiés. Magnifiquement remontés sur des chevaux traditionnellement gris ou blancs, ils sont habillés aux différentes époques avec richesse, voire excentricité, comme ceux illustrés dans ce groupe.

Trumpeters

It appears that mounted soldiers have used various forms of horns or trumpets to communicate ever since the dawn of History.

Mentioned already in the Bible the trumpet is therefore a very ancient musical instrument. Although the date of its present-day appearance remains uncertain, it is known that 19th century cavalry trumpets differed little from those of the early 17th century.

In the French cavalry, since the reign of King Louis XV, there was a trumpeter to each troop, making 16 for a four-squadron cavalry regiment. When assembled, the regimental trumpeters were placed under the authority of a Trumpet-Corporal and later, of a Trumpet-Major. The latter, acted when necessary as the Colonel's « voice » by putting to music, in the form of adequate trumpet calls, his words of command otherwise inaudible in the din of battle or on certain ceremonial occasions. These calls, or signals, were then repeated by squadron trumpeters.

Under the Monarchy, besides the splendid cavalry fanfares and marches mostly composed by Lulli, there existed initially only the following nine regulation calls aimed at conveying orders : Skirmish ! the Watch, Summons to Surrender, Saddle ! Mount ! the Standard ! Charge ! Rally ! Retire !

In more modern times, since the days of the First Empire, these standard calls were increased to thirty-two. They represented not only every phase of a day's duty in cavalry barracks from the sounding of « Reveille » until « Lights out »- and including : the medical call, stables, watering the horses, meals, post orderly, on parade, guard mounting, etc… but also numerous field calls indicating different formations, changes in pace, evolutions and various tactical exercises deemed necessary when training or leading a squadron of cavalry .

French cavalry or artillery trumpeters were privileged troopers. They were traditionally mounted on fine grey or white chargers and, at various periods in history, were dressed in resplendent and sometimes eccentric uniforms, like those depicted on the adjoining print .

COSTUMES DE L'ARMÉE FRANÇAISE.
Porte Etendards.

1680.	1772	1795	1808.	1814	1843.
Louis XIV	Louis XV	République	Empire	Restauration	Louis Philippe
(Cavalerie)	(Cuirassiers du Roi)	(10.ème Rég.t de Cavalerie)	(23.ème Chasseurs à Cheval)	(1er Chasseurs à cheval)	8.ème Rég.t de Hussards.

Porte-Etendards

S ous l'Ancienne Monarchie, la Cavalerie proprement dite a des étendards, les Dragons, Hussards et Chasseurs à Cheval ont des guidons. Etendards et guidons s'appelaient encore "cornettes", sans doute parce que, dans les formations en ligne ou en bataille leur place est aux ailes – aux "cornes" – et non au centre de la compagnie. Il y a en effet un étendard ou guidon par compagnie, c'est-à-dire quatre ou six par régiment.

Les emblèmes des régiments royaux et du dauphin sont bleus. Les régiments de la Reine et d'Orléans ont des étendards rouges. Les uns et les autres portent brodés, d'un côté, le soleil rayonnant et la devise du souverain "*Nec Pluribus Impar*", et sur l'autre face un semis de fleurs de lys en or.

Les régiments des princes ou des gentilshommes sont de couleurs variées. Contrairement à ce que l'on imagine, en général, il n'y a qu'une seule cornette blanche pour l'ensemble de la Cavalerie ; c'est l'étendard de la première compagnie du régiment Colonel-Général.

Les porte-étendards ou porte-guidons sous l'Ancienne Monarchie sont de jeunes officiers portant le grade de cornette.

Au début de la Révolution, les troupes à cheval conservent leurs anciens emblèmes royaux en remplaçant la cravate blanche par la tricolore. De 1791 à 1803 étendards et guidons sont aux couleurs de l'escadron (blanc, rouge, bleu ou vert). Seul le premier escadron porte une bordure tricolore sur son emblème blanc.

Arrivé sur le trône impérial, Napoléon fait surmonter drapeaux et étendards d'un symbole propre au régime : l'aigle en bronze doré. Celle-ci devient vite la partie essentielle de l'emblème. Quant à la partie flottante, elle sera d'un modèle unique tricolore pour tous les régiments. La première disposition de 1804 comprend un losange central blanc et des triangles d'angle bleus et rouges.

C'est à partir de 1812 seulement, que les étendards présentent pour la première fois les trois couleurs en bandes verticales et les noms de batailles exclusifs à chaque régiment.

Depuis 1792, tous les emblèmes de la Cavalerie sont confiés à des sous-officiers, généralement du grade de maréchal des logis chef. Mais à partir de 1808, lorsqu'il n'y aura plus qu'un seul étendard par régiment, celui-ci doit être obligatoirement porté par un officier subalterne.

Sous les deux Restaurations, de 1814 et de 1815, tous les étendards de Cavalerie sont blancs, semés de fleurs de lys d'or et portant, au revers, un écu bleu aux armes de France et la couronne royale.

La hampe de l'emblème est surmontée d'une pique en cuivre doré avec fleur de lys.

En juillet 1830, Louis-Philippe Roi des français reprendra les trois couleurs verticales demeurées symboles de la Nation. Elles le resteront jusqu'à nos jours.

Standard Bearers

U nder the « Old French Monarchy » heavy cavalry units were issued with standards whereas Dragoons, Hussars and Chasseurs à cheval carried « guidons ». Both standards and guidons were sometimes referred to as « cornettes » (or cornet in English) probably because in battle formation these emblems were placed on the flanks or « horns » of a troop of cavalry and not in the centre.

Each cavalry « troop », named « company » in the French cavalry until the 19th century, used to carry its own standard or guidon, thus each cavalry regiment was entrusted with four or six of them.

The standards and guidons of French Royal regiments, meaning those belonging directly to the King or the Dauphin, were always blue. Those regiments of the Queen and of the Orléans branch of the Royal family had red ones. All were emblazoned with a beaming sun (emblem of the « Sun-King » Louis XIV) and carried the motto « *Nec Pluribus Impar* » whilst the reverse side was patterned with golden « fleurs de lys ». Those standards of regiments belonging to Royal Princes or Peers of the realm were of various colours, such as green, orange or buff. Contrary to general belief, there existed in the French cavalry (apart from those of the Royal Household Troops) only a single white standard belonging to the first company of the « Colonel-Général's » regiment.

Standard and guidon bearers before the Revolution were young officers holding the rank of cornette.

At the start of the Revolutionary period all cavalry regiments continued to carry their former royal emblems, the white « cravates » of which were however replaced by tricoloured ones (the latter being a kind of scarf or bow attached to the top of the pole).

From 1791 till 1803, standards and guidons were of the colour particular to each squadron (white, red, blue, green). Only the first squadron's white one had a tricoloured border. When Napoleon crowned himself Emperor of the French he decided that all regimental colours and standards should henceforth be surmounted by a gilded bronze eagle. Similary to those borne by the Roman Legions, these eagles became the essential part of the regimental emblems. They, rather than the standard which hung below them, were the symbols that were to be defended in battle, at all costs, for the honour of the regiment. As for the colours and standards proper, they were tricoloured,standardized for all regiments, in conformity with the 1804 pattern : a white lozenge surrounded by alternate blue and red triangles.

It was only in 1812 that the French national flags adopted their familiar aspect consisting of three equal, vertical, blue, white and red bands. The inscriptions of the battle honours particular to each regiment were shown on the central white band of the reverse side.

Since 1792 all cavalry standards and guidons had been borne by a staff-sergeant. However, from 1808 onwards, when their number was reduced to a single one per regiment, this honour was entrusted to a junior officer.

Under the two Restorations of 1814 and 1815, all cavalry standards were of plain white silk patterned with golden « fleurs de lys ». The reverse side also carried the royal coat of arms of France on a crowned blue shield. A gilded bronze pike bearing also a « fleur de lys » surmounted the standard.

In July 1830, Louis-Philippe, King of the French, re-adopted at once the familiar and renowned tricoloured flag which to this day remains the symbol of the Nation.

COSTUMES DE L'ARMÉE FRANÇAISE.
Carabiniers.

| 1680 | 1750. | 1789-94. | 1804. | 1812-25. | 1840. |
| (Louis XIV) | (Louis XV.) | (Louis XVI et République) | (Empire) | (Empire et Restauration) | (Costume Actuel) |

Carabiniers

En 1688, Louis XIV ordonne la formation d'une compagnie d'élite de carabiniers dans chaque régiment de cavalerie à l'imitation des grenadiers d'infanterie. Cinq ans plus tard, toutes ces compagnies sont réunies pour former le régiment de « Royal Carabiniers » fort de cent compagnies.

Corps d'élite et privilégié sous la Monarchie, la République et l'Empire, les carabiniers servent la France sous tous les régimes avec le même éclat et la même fidélité.

Leur réputation était telle que, malgré le vent d'égalité qu'apporte la Révolution, les carabiniers restent « intouchables ». Ils conservent tous leurs privilèges de troupe d'élite à la tête de la cavalerie et participent brillamment aux principales campagnes des armées de la République.

Une telle troupe était faite pour plaire à Napoléon qui la couvre de récompenses et confie à son propre frère, Louis, la dignité de colonel-général des carabiniers. Bien qu'ils défilent en tête du cortège du Sacre de l'Empereur en 1804, les carabiniers sont déçus cependant de n'être point admis dans la nouvelle Garde impériale ;

Dès lors, un certain « froid » s'établit entre le corps de carabiniers et Napoléon. Situation qui devait s'accentuer par la suite. En effet, les deux régiments de carabiniers ayant subi de fortes pertes pendant la campagne de 1809, l'Empereur décide de mieux protéger ces cavaliers d'élite en les cuirassant. Leur aspect est ainsi profondément modifié, contre leur gré d'ailleurs, car ils étaient très attachés à leur traditionnel habit bleu de France à distinctives écarlates et surtout à leur bonnet à poil des « grenadiers des troupes à cheval » qu'ils portaient depuis 1791. Les carabiniers étaient le seul corps de l'armée impériale, avec la gendarmerie d'élite, à porter des buffleteries jaunes galonnées de blanc.

Les deux régiments de carabiniers participent, dans le cadre de la « réserve de cavalerie », à toutes les campagnes de l'Empire, sauf l'Espagne. A Austerlitz, en trois charges successives, ils enfoncent les lignes russes et décident du succès de cette journée. Pendant les dix années qui vont suivre, ils s'illustrent surtout en Russie, puis à Leipzig et à Waterloo, où leurs pertes sont immenses. Restés fidèles a l'honneur jusqu'au dernier moment, les régiments combattent l'envahisseur, après Waterloo, jusqu'à l'armistice du 4 juillet 1815.

On ne peut s'empêcher de constater cependant l'empressement avec lequel les carabiniers, « aristocrates » de la cavalerie, se sont ralliés au nouveau régime de la Restauration. Ce qui leur valut d'être le seul corps de l'Armée impériale à survivre intouché par les licenciements de 1815.

Après avoir été enfin incorporés dans la Garde impériale de Napoléon III, les carabiniers seront définitivement supprimés en 1871.

Carbineers

In 1688, King Louis XIV ordered the raising of a picked troop of carbineers in each cavalry regiment, similar to the grenadier company in the infantry. Five years later all carbineer troops were united in order to form a single regiment : « the Royal Carbineers ». Later to be split into two. The Carbineers were a picked and privileged corps which served France with the same loyalty and splendour under its various regimes : Monarchy, Empire and Republic.

Their reputation was such, that in spite of the strict sense of equality brought about by the Revolution, the Carbineers remained untouched. Not only did they maintain all their former priviliges as senior and elite cavalry regiment, but partook most brilliantly in all the principal campaigns of the armies of the Republic.

Such regiments were obviously destined to please Napoleon who bestowed them with honours and awards and placed his brother Louis at their head with the title of « Colonel-General of Carbineers », although they were given the favour of leading the Emperor's coronation procession in 1804, the Carbineers were bitterly disappointed in being left out the newly formed Imperial Guard.

From then onwards, a somewhat cold relationship developed between Napoleon and his Carbineers which will worsen over the following years, especially when he decided to equip them with protective brass plated helmets and breastplates following the heavy losses they had suffered during the 1809 campaign. Proud as they were of their blue and scarlet coatees and their tall bearskin caps, which they had worn as Horse-Grenadiers since 1791, this complete change of uniform had been decided against their will. The Carbineers were the only corps in the army, together with the Guard-Gendarmerie, to wear buff and white leather equipement.

As part of the Reserve Cavalry Corps both Carbineer regiments partook in all the Imperial Army's campaigns except in the Peninsula. They greatly contributed in winning the day at Austerlitz, in 1805, by their three consecutive successful charges. They then showed their mettle everywhere during the next ten years, especially so in Russia, at Leipzig and at Waterloo, where their casualties were very high.

They will honour their faithfulness towards the Emperor up to the last phase and continue to stand up to the invading Allied Forces, even after Waterloo, until the armistice of 4 July 1815.

One cannot help noting, however, with surprise, the prompt eagerness shown by the Carbineers, « the aristocrats of the cavalry », in rallying in support of the new regime of the Restoration. This sound initiative, on their part, saved them from disbandment, which was to be the fate of all the other regiments of the late Imperial Army. After having finally been admitted to join the new Imperial Guard of Napoleon III, the Carbineers were definitely disbanded in 1871.

COSTUMES DE L'ARMÉE FRANÇAISE.

Cuirassiers.

1680.   1750.   1789-94.   1809.   1830.   1840.

(Louis XIV.)   (Louis XV.)   (Louis XVI et République) (Empire.)   (Restauration) (Costume Actuel)

Chez Aubert Pl. de la Bourse.   Imp. d'Aubert & Cie

Cuirassiers

L'origine des cuirassiers remonte au Moyen Âge. Arme de choc et de rupture, ils se composent alors de gentilshommes revêtus de l'armure et montés sur des destriers eux-mêmes en partie bardés de fer. Les cuirassiers sont donc la plus ancienne subdivision d'arme de la cavalerie, mais ils ne portent le nom sous lequel nous les connaissons qu'à partir de 1666.

A cette époque, Louis XIV forme le premier régiment de cuirassiers qu'il appelle régiment de *cuirassiers du roi*. Jusqu'à la Révolution, ce nouveau corps reste le seul de cette espèce mais il atteint sous Louis XV l'effectif, énorme pour un régiment de cavalerie, de 1.480 hommes. Devenu en 1791 le 8e régiment de grosse cavalerie, il était le seul à porter encore le double plastron de fer. Son uniforme comprenait le chapeau, l'habit bleu, la culotte de peau et la botte à l'écuyère.

C'est sous le Premier Empire que les cuirassiers prennent leur véritable importance et revêtent l'apparence qu'avec des modifications de détail qu'on leur a vue jusqu'en 1914. Ils portent alors le casque d'acier à cimier de cuivre, à crinière et à bandeau de peau d'ours noire. Sous la cuirasse, ils sont revêtus de l'habit bleu à collet et retroussis de couleurs distinctes suivant le numéro du régiment, qui étaient au nombre de quatorze.

Les cuirassiers se couvrent de gloire à Austerlitz, à Friedland, à la Moskowa où l'un de leur régiments, conduit par le général de Caulaincourt, s'empare de la Grande redoute de Borodino. A Waterloo, les divisions cuirassées de Milhaud et de Kellermann se sacrifient pour tenter de détruire l'armée de Wellington avant l'arrivée des Prussiens.

Sous la Restauration, le nombre des régiments de cuirassiers est réduit à six. Sous le Second Empire, il sera porté à douze dont deux de la Garde. Pendant la guerre néfaste de 1870, les cuirassiers, comme à Waterloo, se sacrifient pour sauver l'honneur. Les charges de Reichshoffen et de Morsbrönn resteront célèbres dans notre histoire militaire grâce à l'héroïsme dont feront preuve leurs régiments.

The origin of the Cuirassiers carries back to the Middle Ages, when heavily armoured knights and their horses formed the spearhead of a break-through. Although they only bear their title since 1661, the Cuirassiers consider themselves as the senior branch of the French Cavalry.

It was Louis XIV who raised the first cavalry regiment wearing both breast and back-plates and named « The King's Cuirassiers ». Until the 1789 Revolution, this regiment in armour-which was in fact a brigade 1480 strong-remained the only one of its kind. Renamed 8th (Heavy) Cavalry in 1791, it was still the only regiment wearing defensive armour. Its uniform also included a cocked hat, dark blue coat, white buckskin-breeches and heavy jacked boots.

It was during the First Empire that the Cuirassiers won their great renown and adopted the uniform which gave them their familiar aspect that remained practically unchanged until 1914. In Napoleon's days they first wore their steel helmet with brass crest, of Grecian inspiration, which was adorned with a black bearskin turban and a long horse-hair mane protecting the neck. Furthermore, their blue coatee carried distinctive facing colours (cuffs, coat turnbacks and collars) which differed within the fourteen existing regiments.

The victories of Austerlitz and Friedland added further laurels to the Cuirassiers' glory. Led by General de Caulincourt at the Moskowa, their squadrons stormed and captured the Grand Redoubt of Borodino. Then, at Waterloo, the heavy cavalry divisions of Milhaud and Kellermann were sacrificed in a desperate attempt to break through Wellington's lines before the arrival of the Prussians.

Under he Restoration (1815-1830) Cuirassier Regiments were reduced to six but totalled twelve (including two Imperial Guard Regiments) during Napoleon III'reign. In the course of the tragic Franco-Prussian war of 1870-1871, most Cuirassier Regiments were sacrificed once again, as at Waterloo, in the reckless charges of Reichshoffen and Morsbronn. There, the honour of the French Army was saved by the sheer heroism of the Cuirassiers which remains famous in military history.

COSTUMES DE L'ARMÉE FRANÇAISE.
Dragons.

1700.	1750.	1789.	1810.	1824.	1840.
(Louis XIV.)	(Louis XV.)	(Louis XVI. & la Rép.que)	(Empire.)	(Restauration.	(Costume actuel.)
(Dragons d'Autremont.)	(Dragons du Mal de Saxe)		(Garde Imple.)	(Garde Royale.)	

Chez Aubert Pl de la Bourse.

Imp. d'Aubert & Cie

Dragons

Ces régiments sont l'aboutissement d'une longue évolution. Dès la fin du XVe siècle, en effet, nos rois ont utilisé en Italie des formations de cavalerie légère pouvant au besoin combattre à pied, les « argoulets » et les « stradiots » soi-disant albanais. Strozzi, qui sera maréchal de France, fournit à François 1er deux cents arquebusiers à cheval aptes à combattre aussi bien à pied qu'à cheval. Entre 1550 et 1560, le maréchal de Brissac autorise des fantassins entreprenants à utiliser des chevaux de prise pour opérer des coup de main. Très vite Brissac décide de les former en unités et, en 1577, chaque compagnie de gens d'armes est accompagnée d'une cinquantaine de ces arquebusiers à cheval, que l'on nommait aussi carabins, ou encore dragons, du fait que la silhouette de ce monstre décorait leurs enseignes. Telle est l'origine des dragons dont on peut dire aussi bien qu'ils étaient des cavaliers aptes au combat à pied ou des fantassins se déplaçant à cheval.

Depuis le règne de Louis XIV les dragons sont devenus une arme à part et montés sur des chevaux de taille. Durant les sièges, cependant, ils sont assimilés aux grenadiers et relèvent de l'autorité du colonel-général de l'infanterie.

Le début des guerres de la Révolution trouve les régiments de dragons, au nombre de dix-huit, dans tout l'éclat de leur réputation, mais presque réduits au seul rôle de cavaliers. Ils n'étaient plus distingués des autres régiments de la cavalerie que par quelques variétés dans l'uniforme.

Bonaparte, tombant dans l'excès contraire, veut que ces dragons soient à la fois des cavaliers habiles et des fantassins bien exercés ; il exige qu'ils apprennent l'école de bataillon à l'époque du camp de Boulogne. L'idée étant qu'ils se métamorphosent subitement en cavaliers, avec des chevaux de prise, dès leur débarquement en Angleterre. A force de vouloir en faire trop, il s'avère que cette mesure cause la décadence des dragons, qui deviennent, momentanément, de mauvais fantassins et de médiocres cavaliers.

Il est vrai cependant qu'après ce discrédit injuste et provisoire, leurs régiments se couvrent de gloire à Iéna, à Eylau, à Friedland, à la Moskowa. Et à l'heure des revers, en 1813, les vieux dragons d'Espagne, ramenés sur les champs de bataille de Saxe, sèment l'épouvante dans les rangs des Autrichiens, des Russes et des Prussiens. A Waterloo, les dragons vont encore s'illustrer au cours de leurs charges désespérées.

Les régiments de dragons avaient été portés à trente sous l'Empire, sans compter le régiment de la Garde impériale créée en 1811 et appelé, officieusement, dragons de l'Impératrice.

Habillés de rouge ou de bleu jusqu'en 1750, les dragons reçoivent le vert foncé comme couleur de fond à partir de cette date, couleur qu'ils conservent jusqu'à la fin du Second Empire. C'est également, sous Louis XV, qu'ils reçoivent leur casque en cuivre entouré d'un turban en veau marin ou en léopard, une crinière tombant sur la nuque, qui avait, pour origine la coiffure portée par les volontaires étrangers du maréchal de Saxe.

Dragoons

These regiments were the outcome of a lengthy development. Ever since the end of the XVth century several French kings campaigning in Italy utilized light cavalry units trained to fight both mounted and dismounted some were then named « Argoulets » other so-called Albanians were known as « Stradiots ». Strozzi, who was later appointed a Marshal of France, provided king Francis 1st with two hundred mounted « Harquebusmen » who were also employed as infantry. Between 1550 and 1560, Marshal de Brissac allowed enterprising foot soldiers to mount captured enemy horses during raiding operations. In 1577 Brissac mustered these men, fifty strong, within each company of men at arms. They came to be known as carbineers, later as dragoons, on account of the fiery dragons depicted upon their ensigns. Thus was the outset of the first troopers to be named dragoons, who can henceforth be described as either dismounted cavalrymen or mounted infantrymen.

Mounted on powereul horses since Louis XIV's reign, dragoons became a separate branch of the cavalry, although during siege warfare operations, they were considered as grenadiers and therefore came under the control of the « Colonel-General of Infantry ».

At the start of the Revolutionary wars the eighteen French Dragoon Regiments were generally used as cavalry units and therefore were seldom requested to fight on foot. The only differences between them and the heavy and light cavalry were their uniforms.

Napoleon Bonaparte was to take an entirely different view on this matter and demanded his dragoons to become simultaneously able cavalry troopers and well-trained infantrymen. So during their training at Boulogne (before the planned invasion of Britain) he recommended his dragoons to become not only proficient in battalion drill, but also to be capable of leaping into the saddle of captured horses soon after crossing the Channel ! A decline in quality was the outcome of this somewhat ambitious scheme and so, for some time afterwards, dragoons had the reputation of being both bad foot-soldiers but also poor cavalrymen.

It is true however that after this momentary discredit, dragoon regiments will soon find the chance of again showing off their fine warlike qualities at Iena, Eylau, Friedland and at the Moskowa. And later on, when the tide turned in 1813, the veteran dragoons fighting in the Peninsula, were ordered back to the fields of Saxony where they once again showed their mettle against bewildered Austrian, Russian and Prussian opponents. Then, their final desperate charges at Waterloo were to remain famous.

Dressed in scarlet or in blue up to 1750, France's dragoons adopted their dark green uniform coats, which they will wear until the end of the Second Empire. It is also during the reign of Louis XV that they first wore their brass helmets with seal or leopard skin turban and horse mane neck protection. This had originally been the head-dress of Marshal de Saxe's foreign volunteers.

COSTUMES DE L'ARMÉE FRANÇAISE.

Lanciers.

1745.

Louis XV.
(Uhlans volontaires de Saxe)

1804.

(Empire)
(Polonais)

1804.

(Empire)
(Lanciers Rouges)

1812.

(Empire)
(Chevaux légers)

1824.

(Restauration.)
(Garde Royale.)

1840.

(Costume actuel.)

Imp. d'Aubert & Cie

Ch. Vernier

Chez Aubert Pl. de la Bourse.

Lanciers

L a lance a disparu de l'armement des cavaliers dès les premières années du XVIIe siècle. Certes, le maréchal de Saxe en 1743 avait bien, pour sa garde personnelle, une petite escorte de Uhlans armés de la lance, mais cette troupe folklorique n'aura qu'une existence éphémère.

Après la campagne de 1807, Napoléon fait recruter en Pologne une légion de la Vistule, comprenant, entre autres, deux régiments de chevau-légers. Un troisième régiment polonais, coiffé également du czapska, est affecté à la Garde impériale. Pendant la campagne d'Autriche de 1809, plusieurs escadrons de chevau-légers polonais prennent des lances à l'ennemi et en font si bon usage qu'ils conserveront cette arme. L'Empereur ayant reconnu toute la puissance morale de la lance, arme redoutable pour l'attaque et dans les mêlées, décide en 1811, probablement en prévision de la campagne de Russie, non seulement d'ajouter un deuxième régiment de chevau-légers à sa garde (lanciers « rouges » hollandais) mais de créer neuf régiments de chevau-légers lanciers. Il s'agit de six régiments français habillés en vert foncé et portant le casque à chenille noire, de deux régiments polonais (ex-lanciers de la Vistule) et d'un régiment allemand (9e) habillé à la polonaise.

Sous la Deuxième Restauration, il n'existera, de 1815 à 1830, qu'un régiment de lanciers de la Garde royale, habillé à la polonaise. Ce régiment prend le titre de lanciers d'Orléans en 1830, et sept autres régiments de lanciers seront crées sous le règne de Louis-Philippe. Les régiments de lanciers seront tous définitivement dissous en 1871, mais les dragons et certains régiments de cavalerie légère conserveront la lance jusqu'en 1915.

Il est à noter, qu'en hommage à la Pologne, les flammes des lances sont toujours rouges et blanches, sauf sous la Monarchie de Juillet, lorsqu'elles seront tricolores.

Lancers

S ince the beginning of the XVIIth century, lances considered obsolete, no longer armed the cavalry. Although, in France in 1743, Marshal de Saxe had issued his personal escort of uhlans with such a weapon, this somewhat folkloric detachement had only a shortlived existence.

After his Polish campaign Napoleon raised in that country a « Vistula Legion »which included two Light Horse Regiments carrying lances. A third Polish regiment also wearing the traditional czapska head-dress was included in the Imperial Guard Cavalry.

During the Austrian campaign of 1809, several Polish Light Horse squadrons captured enemy lances and made such good use of them that their regiment remained armed with them.

Having ascertained the considerable moral effect of this redoubtable weapon, both in the charge and at close quarters, the Emperor decided in 1811, probably in expectation of the invasion of Russia, not only to add another lancer regiment to his Guard (the Dutch « Red Lancers »), but to raise nine new Light-Horse-Lancer Regiments of the Line.

Six of these regiments were French, dressed in dark green and wearing black fur-crested helmets, two others were Poles from the former Vistula Legion and the ninth was German, although wearing Polish Lancer dress.

During the second Restoration there existed, between 1815 and 1830, only a single Royal Guard Lancer Regiment, still dressed in Polish type uniform. In 1830,the regiment changed its title to that of Orleans-Lancers and seven other lancer regiments were raised during the reign of king Louis-Philippe (1830-1848).

All French lancer regiments were finally disbanded in 1871, although dragoons and certain light cavalry regiments continued to be issued with lances until 1915.

It is of interest to note that the French lance-pennants always remained red and white as a token of respect to Poland. It was only during Louis-Philippe'reign that they were tricoloured.

COSTUMES DE L'ARMÉE FRANÇAISE.

Chasseurs à Cheval.

1745.	1785.	1794	1810.	1824.	1840.
(Louis XV.)	(Louis XVI.)	(République.)	(Empire)	(Restauration.)	(Costume actuel.)
(Chasseur de Fiher.)			(G.de Imp.le)	(G.de Roy.le)	

Chez Aubert Pl. de la Bourse.

Chasseurs à cheval

L'origine des chasseurs à cheval remonte aux formations irrégulières de volontaires des « Troupes légères », véritables corsaires de l'armée de terre de l'Ancien Régime, tels que les chasseurs de Fischer, les fusiliers de Montagne ou les arquebusiers de Grassin.

Ces corps mixtes réunissent déjà aux petits échelons, sous les ordres d'un même chef, fantassins, cavaliers, dragons, et parfois aussi, quelques pièces légères d'artillerie. Les chasseurs à cheval sont régulièrement organisés en 1757 mais ce n'est qu'en 1776 qu'ils sont réellement constitués avec la cavalerie des diverses légions volontaires, sous forme d'escadrons attachés aux 24 régiments de dragons, en raison d'un escadron par régiment. Spécialistes des coups de main, des attaques de convois, des embuscades, des actions sur les arrières de l'ennemi et surtout de la recherche du renseignement, les chasseurs des « Troupes légères » étaient dans une certaine mesure les ancêtres des futurs commandos.

En 1779, les escadrons de chasseurs à cheval sont retirés des régiments de dragons et forment 6 régiments séparés appelés respectivement chasseurs des Alpes, des Pyrénées, des Vosges, des Cévennes, du Gévaudan et des Ardennes.

Pendant les guerres de la Révolution et de l'Empire, les chasseurs à cheval forment avec les hussards la cavalerie légère de l'Armée. Ils ont les mêmes grandes qualités de sabreurs et d'audacieux, rusés cavaliers d'avant-postes que ceux-ci, mais parfois aussi, les mêmes travers de tapageurs et de bretteurs. Leurs 28 régiments participent, à toutes les campagnes de 1792 à 1815.

La compagnie de chasseurs à cheval de la Garde des Consuls, créée le 13 janvier 1800, est composée d'anciens guides du général en chef Bonaparte, rentré d'Egypte. Cette compagnie de vieux cavaliers est transformée en régiment en 1801. En mai 1804, il prend le titre de chasseurs à cheval de la Garde impériale. L'Empereur, en campagne, portera toujours la petite tenue de colonel de ses chasseurs à cheval.

Les débris de chasseurs de la Garde impériale formeront, en 1815, le régiment de chasseurs à cheval de la Garde royale de Louis XVIII.

Habillés en vert depuis 1757, les chasseurs à cheval vont conserver cette couleur jusqu'en 1873.

Chasseurs à cheval (Light Horse)

The origin of the Chasseurs à cheval goes back to the units of irregular volunteers known as « Light Troops » whose actions on land were somewhat similar to those of the privateers at sea. From amongst these military bodies of the former French Monarchy there existed « Fisher's Chasseurs », the « Mountain Fusiliers » and « Grassin's Matchlockmen ».

These flexible, mixed troops already united under a single leader both horsemen and foot soldiers, but also dragoons, and sometimes light artillery pieces . The Chasseurs à cheval began to be organized on a regular basis in 1757 but it was not until 1776 that they definitively formed light horse squadrons attached to each of the existing dragoon regiments.

Experts in raiding operations of all kinds, often behind the enemies lines, ambushes, convoy attacks and especially in the gathering of military intelligence in the field, the Chasseurs of the « Light Troops » can well be compared with present-day commandos.

In 1776 the Chasseur squadrons were removed from the dragoon regiments and assembled in order to establish six separate mounted Chasseur regiments, each bearing the respective title of one of the following mountainous areas : Alpes, Pyrenees, Vosges, Cevennes, Gevaudan and Ardennes.

During the wars of the Revolution and the Empire the Chasseurs à cheval together with the Hussar regiments made up the armies' light cavalry forces. They certainly had all the same fine military qualities as the latter- as crafty vanguard scouts and bold swordsmen- but also, at times, their faults- as rowdy duellists- when away from the battlefields.

Their twenty six regiments took a brilliant part in all campaigns between 1792 and 1815.

The company of Chasseurs of the Consular Guard Cavalry was raised on 13 January 1800 and recruited mainly from General Bonaparte's corps of Guides just returned from Egypt. This unit of veteran horsemen was reinforced so as to form a complete regiment in 1801. In May 1804 it received the title of Chasseurs à cheval of the Imperial Guard, and so Emperor Napoleon always wore the undress uniform of colonel of this regiment when in the field.

After Waterloo, the remnants of the regiment were to form King Louis XVIII's Chasseurs à cheval of the Royal Guard.

Since 1757 all Chasseurs à cheval regiments were clothed in dark green uniform coats. This colour will be maintained until 1873.

COSTUMES DE L'ARMÉE FRANÇAISE.
Hussards.

1680.	1760.	1794.	1810.	1824.	1840.
(Louis XIV.)	(Louis XV et Louis XVI.)	(République)	(Empire)	(Restauration.)	(Costume actuel)
	(2.me Régiment)	(Hussards de la mort)	(1.er Régiment)	(Garde Royale)	(1.er Régiment

Imp d'Aubert & C.ie

Chez Aubert Pl. de la Bourse

Hussards

Cavaliers des raids, des reconnaissances, des avant-postes et des avant-gardes, cavaliers légers, sabreurs par excellence, les régiments de hussards, dont les plus anciens sont d'origine hongroise, ont servi fidèlement depuis le début du XVIIIe siècle dans les armées françaises de la Monarchie et de la République.

Sous le Premier Empire, il y a eu jusqu'à quatorze régiments de hussards dont seuls les cinq premiers provenaient de l'ancienne armée royale. Ces vieux régiments de Berchény, Chamborant, Esterhazy, Conflans et Lauzun s'étaient déjà distingués maintes fois sur tous les champs de bataille d'Europe et même d'Amérique. Mais c'est au cours des guerres de la Révolution et de l'Empire qu'ils gagnent leur réputation légendaire. Meilleurs sabreurs d'Europe, élégants à la parade comme au feu, ils ont pourtant acquis la réputation « d'enfants terribles » de l'armée : bretteurs, coureurs de jupons, fanfarons et cascadeurs, qui ne craignaient ni Dieu ni Diable et n'obéissaient généralement qu'à leurs propres chefs tels que Lasalle, Marulaz, Colbert et Pajol.

Ils ont conservé jusqu'à la fin de l'Empire les longues moustaches. Les cheveux nattés en queue ainsi que les « cadenettes » sur les joues, pour mieux protéger la nuque et le visage des coups de sabre, se portent jusqu'en 1808, environ. Certains cavaliers anciens portaient encore les boucles d'oreilles d'or, vieux talisman oriental.

Chaque régiment est habillé de ses couleurs distinctives. Seul le 2ème régiment portait le brun marron et le bleu céleste.

L'origine du mot « hussard » ou « houzard » est controversé. Il viendrait du hongrois « houz » qui signifie vingt. Certains auteurs disent qu'au XVIIe siècle, chaque village de la Hongrie était tenu de fournir un cavalier équipé et monté pour vingt foyers. D'autres prétendent que ces cavaliers furent appelés houzards parce que leur solde journalière était de vingt sols, ou simplement en raison du fait que la « vingtaine » (le peloton) était l'unité élémentaire de la cavalerie.

Hussars

Originating from Hungary, these deep reconnaissance raiders, outpost or vanguard light horsemen and dashing swordsmen, were the hussars. They served faithfully in the French Army throughout the Monarchy and the Republic ever since the outset of the XVIIIth century.

Up to fourteen hussar regiments existed during the First Empire, only five of which issued from the former Royal Army. The old regiments named Bercheny, Chamborant, Esterhazy, Conflans and Lauzun had already greatly distinguished themselves on most of the battlefields of Europe and even of North America. But it was during the twenty years of Revolutionary and Napoleonic wars that they won their legendary fame. Recognized as the best swordsmen in Europe, always as smart and elegant on parade as they were brave under fire, these hussars had nonetheless earned the reputation of swashbuckling womanizers and occasional disorderly swaggerers who sometimes owed allegiance to their own officers only : remarkable leaders such as Lasalle, Marulaz, Colbert and Pajol.

Until the close of the First Empire they kept up the custom of wearing long drooping moustaches, pigtails and plaited hair on the sides, as a protection from sword-cuts on the neck and on the face. This fashion lasted well after 1808. Some senior troopers also favoured the wearing of golden ear-rings, an old oriental tradition.

Until 1872 each French Hussar regiment continued to wear its own traditional uniform of different colours. The Second Regiment was the only one to be dressed in brown and light blue.

The origin of the word « hussar » or « houzar » remains controversial. It may originate from the Hungarian « houz », meaning twenty. Certain XVIIth century authors ascertain that one out of every twenty households in each village of Hungary was compelled to provide a mounted fully armed and equipped horseman. Others claim that these cavalrymen were called « houzars » because their daily pay amounted to twenty cents, or simply because a « score » was the equivalent of the strength of the elementary unit : the platoon.

COSTUMES DE L'ARMÉE FRANÇAISE.
Guides et Eclaireurs.

1756.	1798.	1798.	1804.	1814	1819.
(Louis XV.)	(République)	(République)	(Empire.)	(Empire.)	(Restauration.)
Fusiliers - Guides.	Guides de l'Armée d'Allemagne.	Guides de l'Armée d'Italie.	Guides de l'Armée d'Angleterre.	Eclaireurs, 2ème Regt.	Eclaireurs, Légions Départementales.

Imp. d'Aubert & Cie.

Chez Aubert Pl de la Bourse

Guides et Eclaireurs

L a création des corps des Guides dans les armées françaises remonte à l'année 1756. A cette époque, une compagnie des fusiliers-guides de 25 hommes est attachée au quartier général de chacune des armées alors sur pied. Leur mission est non seulement d'assurer la garde de police et l'escorte des bagages du quartier général, mais surtout de porter, à cheval, les ordres exigeant une prompte exécution.

Les gouvernements de la Convention et du Directoire font revivre ces formations dans les armées de la République.

Ainsi, chaque général commandant en chef d'un théâtre d'opérations va disposer de son propre corps de guides, à pied et à cheval, de la force d'un escadron de 200 hommes. C'est le cas notamment du général Augereau, commandant en chef de l'armée d'Allemagne, en 1797 qui organisa un corps de Guides Hussards composé de cavaliers pour la plupart nés en Alsace et parlant parfaitement l'allemand.

Il existe aussi vers la même époque, les guides de l'armée de l'Ouest de Hoche, ainsi que ceux de Masséna en Helvétie. Le plus célèbre corps des guides cependant, est celui de l'armée d'Italie de Bonaparte, organisé par le chef d'escadron Bessières, qui accompagnera son général en Orient et qui va former le noyau du futur régiment de chasseurs à cheval de la Garde Consulaire, puis Impériale.

En prévision de l'invasion des îles britanniques, Napoléon crée les guides interprètes de l'armée d'Angleterre au camp de Boulogne en 1803. Cette compagnie de volontaires est composée en grande partie d'irlandais et complétée par des hommes ayant séjourné outre-Manche. Elle rejoint le Grand Quartier Général en Allemagne, en 1806, pour former les guides de Berthier, prince de Neufchâtel.

En décembre 1813, lorsque va débuter la campagne de France, Napoléon crée trois régiments d'Eclaireurs de la Garde impériale à quatre escadrons de 250 cavaliers. Le 2e régiment d'éclaireurs est armé de la lance et porte l'uniforme des chasseurs à cheval. Il est encadré et administré par les Dragons de la Garde et va se distinguer aux combats de Montmirail et de Montereau.

Afin de détruire l'esprit de corps des anciens régiments de l'armée impériale, le roi Louis XVIII ordonne, en 1816, la dissolution de tous les vieux régiments d'infanterie.

Il fait organiser, en échange, 86 "Légions départementales". Celles-ci comprennent chacune deux bataillons d'infanterie, un de chasseurs à pied et une compagnie d'éclaireurs armés de la lance. Ces dernières, qui devaient être fournies par les régiments de chasseurs à cheval du même département, n'ont, en fait, jamais été organisées.

Guides and Scouts

T he raising of the first Corps of Guides in the French Army occurred in 1756. In those days, it was customary to attach a company of 25 *Fusilier-Guides* to the headquarters of each existing army deployed on the various theatres. Their tasks included not only military police duties and the escort of the Staff's impedimenta but especially that of acting as mounted orderlies detailed to bear urgent orders and messages to subordinate units.

The governments of the "Convention" and the "Directory" maintained these companies within the Republican armies. Thus, each commanding general in charge of a theatre of operations had his own Corps of Guides, forming a squadron 200 men strong, both mounted and on foot. This for instance, was the case with General Augereau, commander in Chief of the French Army in Germany in 1797, who had organized a troop of "Hussar-Guides" entirely composed of German-speaking horsemen all born in Alsace.

There existed also over the same period the Guides of General Hoche's Army of the West and also those of Masséna in Switzerland. The most famous Corps of Guides however, was that of General Bonaparte's Army of Italy organised by Major Bessières. This unit was to accompany its general to Egypt and become the future nucleus of the renowned *Chasseurs à cheval* of Napoleon's Consular, and later, Imperial Guard.

In anticipation of the planned invasion of the British Isles Napoleon, when in Boulogne in 1803, ordered the raising of Interpreter-Guides of the "Army of England". This troop of volunteers was mainly composed of Irishmen and was completed by Frenchmen who had lived in Britain. In 1806, when the invasion was called-off, these Guides rejoined the Great Imperial Headquarters in Germany where they became Marshal Berthier, Prince of Neufchâtel's own Corps of Guides.

In December 1813, in prevision of the forthcoming campaign of France, Napoleon ordered the creation of three regiments of mounted scouts called "Eclaireurs of the Imperial Guard", each consisting of four squadrons 250 men strong. The Second Regiment of these scouts was armed with lances and wore a uniform similar to that of the *Chasseurs à cheval* . It was officered and administered by the Dragoons of the Imperial Guard and was to win renown at the battles of Montmirail and Montereau.

In 1816, with a view to destroy the "*esprit de corps*" of the regiments of the former Imperial Army, King Louis XVIII ordered the disbandment of all the old infantry regiments. In their stead, he had organized in each of France's 86 "Departments" a Mixed Legion. Consequently, these new Departmental Legions each comprised two infantry battalions, one of riflemen and a squadron of mounted "*Eclaireurs*" (Scouts) armed with lances. In fact, the latter, which theoretically were to be organized by the *Chasseurs à cheval* regiment stationed in the same area, never came into existence.

COSTUMES DE L'ARMÉE FRANCAISE.
Artillerie à Pied.

1674.	1768.	1786-94.	1810.	1830.	1840.
(Louis XIV.)	(Louis XV.)	(Louis XVI. et Répub.)	(Empire.)	(Restauration.)	(Costume Actuel.)
	(Artillerie des Gardes Franc.ses)		(Garde Imperiale)	(Garde Royale.)	

Chez Aubert, Pl de la Bourse.

Imp. d'Aubert & C.ie

Artillerie à pied

L e corps de l'artillerie tel qu'il est constitué à l'avènement de Louis XIV a l'inconvé-nient de mêler des officiers et des employés dont certains sont militaires et d'autres point.

En 1671, le Roi crée le régiment d'infanterie des « fusiliers du Roi », spécialement affecté à la garde de l'artillerie, régiment particulièrement bien traité puisqu'il est un des premiers à être vêtu d'un uniforme et armé du fusil à baïonnette.

En 1693, le Roi, voulant marquer son intention de destiner au seul service de l'artille-rie le régiment des « fusiliers du Roi » change son nom en celui de « régiment royal de l'artillerie ».

Le règne de Louis XV a été marqué par d'importants perfectionnements de l'artillerie, aussi bien dans le domaine de l'organisation que dans celui des matériels.

L'ordonnance de 1720 réunit en un corps unique toutes les troupes de l'artillerie. Le nouveau régiment prend le nom de « royal-artillerie » et compte cinq bataillons qui deviennent brigades en 1759.

En 1765, une ordonnance réorganise l'artillerie, les brigades deviennent sept régi-ments portant le nom des sept écoles auxquelles ils sont rattachés : La Fère, Metz, Besan-çon, Grenoble, Strasbourg, Auxonne et Toul.

Le règne de Louis XVI a été une période faste pour l'artillerie.

Ce sont en effet les ordonnances de 1774 et de 1776 qui ont enfin permis l'application du vaste programme de rénovation de l'artillerie proposé dès 1764 par le général de Gri-beauval. Il y a 7 régiments formant le corps royal de l'artillerie et conservant, bien que ne faisant plus partie de l'infanterie, le rang que le corps royal avait dans celle-ci ; c'est pour-quoi toute l'artillerie porte sur ses uniformes bleus des boutons de cuivre timbrés du numéro 64.

Pendant les guerres de la Première République, l'organisation reste la même et les matériels mis au point par Gribeauval avant 1789 s'avèrent d'excellente qualité.

Jeune, Napoléon Bonaparte est d'abord un excellent artilleur. Par la suite, il doit à ce fait une certaine part du succès de sa carrière étonnante. Son coup d'œil rapide et la maî-trise de l'art de l'artillerie lui valent ses épaulettes de général et décident de son destin.

Dans les années qui suivent, la plupart de ses grandes victoires sont dues à l'utilisa-tion judicieuse des concentrations et feux d'artillerie.

A la fin de l'Empire, par rapport à la situation au début de 1792, l'effectif global de l'artillerie, arme indépendante depuis 1790, a quadruplé et dépasse un peu 100.000 hommes, la seule artillerie de campagne peut mettre en ligne jusqu'à 1.400 pièces sans compter celles de la Garde impériale.

Ce ne sera que sous la Restauration que le matériel Gribeauval, en service depuis 60 ans, sera remplacé par le système Vallée.

Field Artillery

T he disadvantage of Louis XIV's Artillery Corps was due to the mixture of both mili-tary personnel and civilian carters and drovers.

Raised in 1671 « the King's Fusiliers » were given the specific duty of protecting the cannon. This fortunate regiment was one of the first to receive regulation uniforms, flint-lock muskets and bayonets. In 1693 the King changed the regiments's title to « Royal Regiment of Artillery »

Louis XV's reign brought out a great deal of technical and organizational improve-ment within the Artillery and a decree of 1720 concentrated all gunners into one single corps « The Royal Artillery », five battalions strong- which became brigades in 1759.

Yet another redeployment took place in 1765, when the brigades became seven sepa-rate regiments each attached to a garrison town with its own artillery school : La Fère, Metz, Besançon, Grenoble, Strasbourg, Auxonne and Toul.

Louis XVI's reign turned out to be a particularly favorable period for the French artillery.

The royal decrees of 1774 and 1776 initiated a major renewal of artillery equipment and organization as suggested since 1764 by General de Gribeauval. The seven Royal Artillery Regiments, although now a separate branch of the Army, will uphold for many years the tradition of carrying the number 64 on their uniform buttons, as a reminder of their former rank of seniority in the infantry.

The excellent qualitiy of the pre-1789 Gribeauval pattern artillery pieces and equip-ment will prove to be so high that the system will remain unchanged throughout all the wars of the First Republic.

Since the early days of his youth Napoleon Bonaparte turned out to be outstanding gunner. The subsequent success of his remarkable career was mainly due to this fact. He largely owed his early promotion to generalship to this rapid assessment of a tactical situation and his complete mastery in the art of using artillery.

Over the years, many of his great victories were due to his most judicious use of concentrated artillery fire.

At the close of the First Empire, the total strength of Napoleon's artillery-over 100 000 men- was four times greater than it had been in 1792 and the Field Artillery alone mustered 1400 guns. This total did not include the Imperial Guard batteries.

After having been used on active service for nearly 60 years, Gribeauval artillery equipment was finally replaced during the Restoration (between 1815 and 1830) by the Vallée system.

COSTUMES DE L'ARMÉE FRANÇAISE.

Artillerie Légère.

1792-1814.   1810.   1824.   1840.

République et Empire.   Empire   Restauration.   Costume Actuel

(Ex Garde   Soldat du Train.)   (Garde Royale   Soldat du Train)

Chez Aubert Pl de la Bourse.   Imp. d'Aubert & Cie

Artillerie Légère

C'est en 1794 que l'artillerie entre dans la voie du progrès par l'adjonction de quelques compagnies à cheval, création de la Révolution qui va modifier du tout au tout l'emploi du canon en campagne. Jusqu'à ce moment, les pièces, attelées par des charretiers civils étaient suivies à pied par leurs servants.

Le général de Gribeauval avait transformé, allégé et rendu plus mobile le matériel d'artillerie : mais, si les canons pouvaient passer partout, leur déplacement était fatalement contrarié par la nécessité de ne pas se séparer des canonniers. Sous le nom d'artillerie légère, ou volante, le Grand Frédéric avait organisé, bien avant nous, dans l'armée prussienne, des compagnies (on ne disait pas encore batterie) dont tous les artilleurs étaient montés. La Fayette, qui les avait vues au camp en Silésie en 1785, en prôna les avantages, et, le 11 janvier 1792, les deux premières compagnies d'artillerie légère à cheval de l'armée française sont organisées. La grosse question de la mobilité de l'artillerie sur le champ de bataille — en conjonction avec la cavalerie — était résolue.

L'artillerie à cheval va connaître un grand succès tant dans les armées républicaines qu'impériales depuis Jemmapes en 1793 jusqu'à Ligny en 1815.

Sous l'Empire, il existe sept régiments à cheval dont un de la Garde impériale. Les canonniers sont habillés en bleu à la hussarde et les conducteurs du train d'artillerie (crée en 1800) en gris.

Un régiment d'artillerie légère fait partie de la Garde royale de la Deuxième Restauration.

Les dernières batteries d'artillerie à cheval de l'armée française disparaîtront peu après la campagne de France de 1940.

Light Artillery

A great improvment in the use of artillery in the field was achieved in 1792 during the Revolutionary period when the first Light Horse Artillery companies were formed. Up till then the Trains of Artillery both horses and drovers, were hired from civil life with the teams of military gunners marching in their wake.

Thanks to General de Gribeauval's efforts, French artillery equipment had been greatly improved, guns and limbers had been made lighter and more mobile, but once on the move, the problem of separating the cannon from the gun-crews remained. Frederic the Great of Prussia was the first military leader to organize Light or Horse Artillery Companies (the term « battery »was not yet in use) consisting of fully mounted military gun teams.

La Fayette who had wittnessed this improvement in Silesia in 1785 brought the idea back to France. This led to the raising of the first two French Horse Artillery Companies on 11 January 1792. The problem of rendering part of the artillery mobile enough to keep up with the cavalry had been resolved.

Horse Artillery will thenceforth play a most successful role in the Republican and Imperial Armies- from the early victory of Jemmapes in 1793 right until the last one at Ligny in 1815.

Seven Horse Artillery Regiments existed in Napoleon's army including one in the Imperial Guard. Gunners wore blue Hussar type dress and drivers of the Artillery Trains (raised in 1800) wore grey.

During the Second Restoration (1815-1830) a Light Horse Artillery Regiment was attached to the Royal Guard.

The last Mounted Artilleriy batteries in the French army were disbanded shortly after the campaign of 1940.

COSTUMES DE L'ARMÉE FRANÇAISE.
Ingénieurs Militaires.

1752. 1744.	1780	1791.	1809.	1825-1843.
(Louis XV.)	(Louis XVI.)	(Louis XVI.)	(Empire.)	(Restauration – Louis Philippe Ier)
Ingénieur.	Ingénieur.	Ingénieur-Géographe.	Ingénieur-Géographe.	Etat-Major du Génie.

Ingénieurs Militaires

Military Engineers

Le goût de Louis XIV pour la guerre de siège anime l'émulation de ceux qui s'y sentent concernés.

Des mathématiciens non militaires ou des officiers divers qui se livrent à l'étude de l'attaque et de la défense des places fortes s'empressent de diriger les sièges que le monarque entreprend. Ainsi, à l'origine, des officiers d'artillerie et d'infanterie s'acquittent des fonctions qui seront confiées plus tard à des officiers du Génie.

Vauban, devenu Commissaire-Général des fortifications, donne une certaine organisation à ce futur corps.

Les ingénieurs qu'il forme et dirige sont des praticiens qui construisent, améliorent, attaquent et défendent les places. Ils sont aptes à assurer la charge complète des opérations en liaison avec les artilleurs et les mineurs et peuvent faire appel aux autres troupes que le commandement veut bien leur confier. Avec soixante ingénieurs, Vauban accomplit tous les travaux des fortification permanente et de campagne du Royaume et au-delà – travaillant sur 300 places anciennes et 33 nouvelles.

Initialement, le corps des ingénieurs forme une hiérarchie particulière de fonctionnaires publics, au nombre de 500 environ vers 1730. La séparation en deux catégories distinctes s'opère en 1750. les ingénieurs qui deviennent alors purement militaires n'ont plus à s'occuper des ponts et chaussées et sont entièrement employés à la construction, à l'attaque et la défense des places fortes.

Enfin, en 1758, le Corps Royal du Génie est mis sur pied. Il comprend 21 ingénieurs directeurs, 90 ingénieurs en chef et 290 ingénieurs ordinaires. Choiseul, ingénieur militaire devenu ministre de la guerre, commet la faute de repousser du Corps tous les officiers roturiers. Le recrutement des jeunes ingénieurs est modifié à partir de 1749 avec la création des Ecoles d'Application de Mézières, puis de Metz.

Celle, plus prestigieuse, de Polytechnique ne sera créée qu'en 1794.

La création des Ingénieurs-Géographes remonte à 1696. En 1761, ils sont attachés au dépôt de la Guerre puis à l'état-major de l'armée. Le levé des cartes des marches, des cantonnements, des positions, des retranchements, des combats et batailles est dans leurs attributions. Ils ont droit au port de l'épaulette d'officier à partir de 1769.

Napoléon considère le rôle du corps impérial des Ingénieurs-Géographes comme étant de première importance.

Le général baron Bacler d'Albe, chef du cabinet topographique de l'Empereur pendant plus de dix ans, est à l'état-major impérial l'homme le plus intimement lié à la pensée de son maître. Il est souvent plus indispensable à ce dernier que Berthier !

L'uniforme des Ingénieurs a été successivement écarlate, gris de fer, puis bleu foncé, à couleur distinctive en velours noire. Les Ingénieurs-Géographes portent l'habit bleu, avec couleur distinctive aurore.

Military Engineers

King Louis XIV's taste for siege warfare incited a certain rivalry amidst those who felt themselves particularly concerned with the subject.

Non-military mathematiciens and officers of all arms devoted themselves towards the study of the art of attack and defence of fortified towns and hastened to direct and control, themselves, those sieges which the Monarch had undertaken. Thus, those artillery and infantry officers who originally devoted themselves to the elaboration of these tasks were to be replaced in due course by officers of the future military Corps of Engineers which Marshal Vauban, who was appointed Master-General of Fortifications, had endeavoured to create.

The new Military Engineers which he personally instructed and directed became experts in their trade and were entrusted with the task of building, improving, attacking and defending fortresses and fortified towns. They were fully qualified to assume the complete responsability of such operations in close connection with the Artillerymen, the Sappers and the Miners. They also held the necessary authority enabling them to request the support of any other troops which the commander of the operations' area could spare them.

Helped by only sixty of his Engineer officers, Vauban was able to achieve numerous permanent fortifications and field-works within the kingdom, and even beyond its borders. This truly astonishing task included the complete renovation of some 300 old fortified towns and also the construction of 33 new ones.

Originally, the French Corps of Engineers had its own hierarchy and still included both military and civilian personnel. The latter still numbered 500 in 1730. The separation of these two entities occured only in 1750.

Finally, the Corps of French Royal Engineers was officially created only in 1758. It then included 21 Directors, 90 Chief Engineers and 290 ordinary Engineer officers. Count Choiseul, himself a former engineer officer, who became King Louis XV's Minister of War made the big mistake of rejecting from the corps all officers who were commoners. From 1749 onwards, all young Engineer officer candidates had to pass out from one of the newly created specialised schools of instruction at Mezières or Metz. Polytechnic, the most distinguished school in the field of engineering was to be created only 1794.

The creation of Geographical Engineers in the French Army dates back to 1696. In 1791 these specialists were directly attached to the War Department and later on to the General Staff. They were not only in charge of surveying and of mapping out all areas of the kingdom and its neighbouring frontier territories but also entrusted with the preparation, on request, of maps, plans and sketches relevant to routes and itineries to be followed, camping and billeting areas, field works,enemy positions, encounters and battles. It was not before 1769 that they were granted permission to wear officer's rank insignia.

Napoleon considered that the role of the Imperial Corps of Geographical Engineers was of prime importance.

General Baron Bacler d'Albe, who was for over ten years in charge of the Emperor's own topographical department, was probably the man on the entire Imperial General Staff who had the most direct contact with his master and was intimately connected with the latter's strategical reasoning during the long planning sessions. It appeared that he was, at times, more indispensable to the Emperor than was Berthier, the Chief of Staff !

Over the years, French Military Engineer's uniforms were successively scarlet, iron grey and dark blue with black velvet facings. Geographical Engineers also wore dark blue coats but with orange facings.

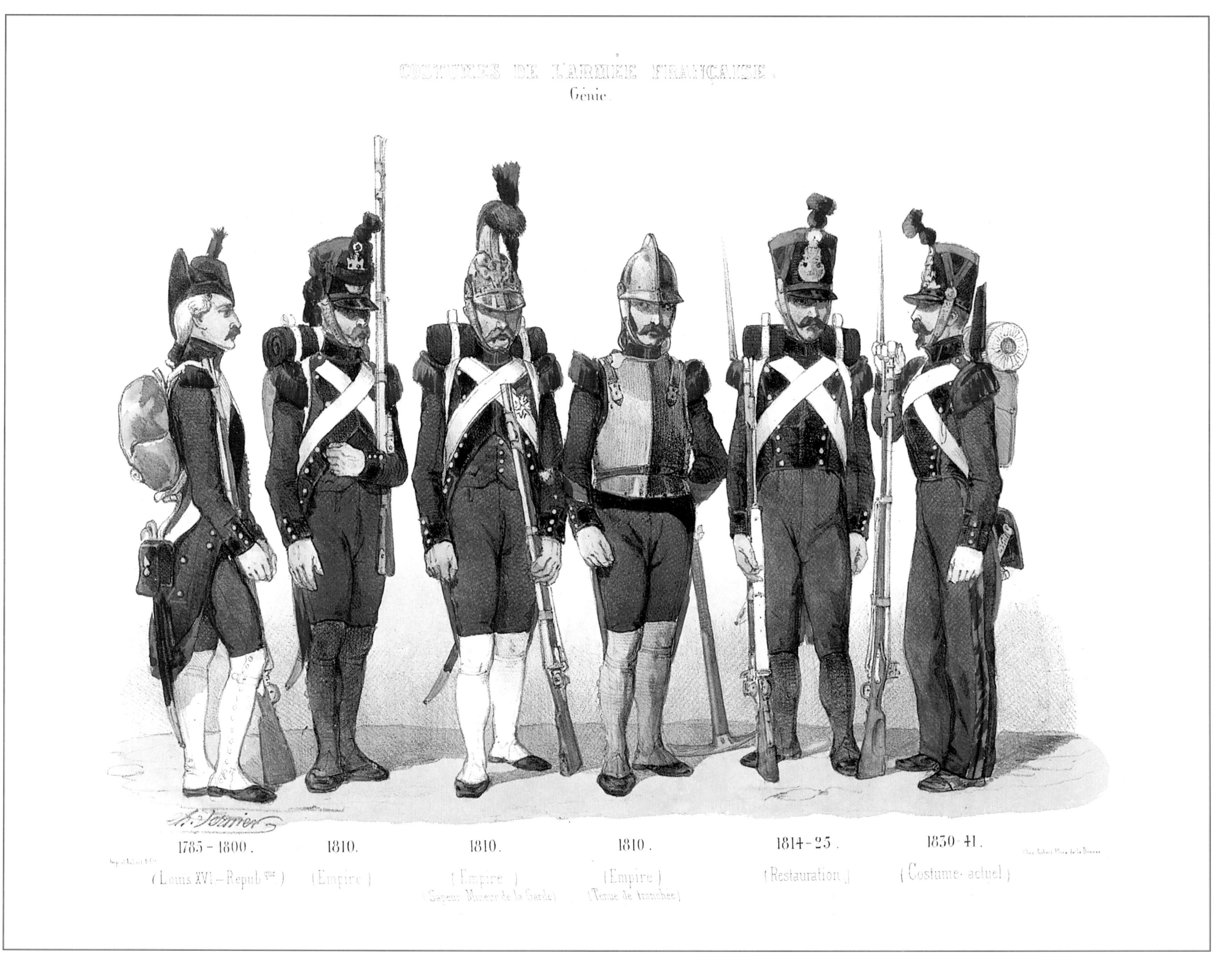

COSTUMES DE L'ARMÉE FRANÇAISE.
Génie.

| 1785 - 1800. | 1810. | 1810. | 1810. | 1814 - 23. | 1830 - 41. |
| (Louis XVI - Repub.ne) | (Empire) | (Empire) (Sapeur Mineur de la Garde) | (Empire) (Tenue de tranchée) | (Restauration) | (Costume actuel) |

Génie

L'arme du génie ne commence à posséder son histoire que sous la Première République.

Pendant le Premier Empire, un changement notable s'opère dans les troupes du génie. Les compagnies de mineurs des guerres de la Révolution sont formées en bataillons de sapeurs de six compagnies chacun. Le nombre de bataillons va être porté à huit, dont cinq français, un hollandais, un italien et un espagnol.

En 1805, le commandant en chef du génie de la Grande Armée est le général Marescot. Chaque corps a son état-major du génie et chaque division d'infanterie reçoit une compagnie. Le général du génie placé à l'état-major de l'Armée relie entre eux tous les services et dispose, en outre, du « grand parc » qui est en mesure de transporter, en totalité, son matériel sur les soixante-treize véhicules de son train autonome. Le génie a toujours sa part d'influence dans les sièges mais il ouvre aussi les itinéraires et enseigne aux fantassins, et aux artilleurs l'art de remuer le terrain et d'établir rapidement des fortifications de campagne. En 1810, il sera créé une compagnie du génie de la Garde impériale, devenue bataillon en 1814.

Napoléon aimait s'entourer d'officiers du Génie — tels que Berthier, Bertrand et Bernard — pour ses reconnaissances et la préparation de ses plans de campagne. Parmi les faits d'armes où se sont distingués particulièrement les sapeurs, il y a lieu de mentionner avant tout le siège de Dantzig en 1807, la quinzaine de sièges dont celui de Sarragosse en Espagne, le passage du Danube à l'île de Lobau en 1809 et le passage de la Bérésina en 1812, où les 450 sapeurs de Dode de la Brunerie et de Chasseloup-Laubat se sacrifient pour sauver l'Armée, en construisant deux ponts sous le feu de l'ennemi et par un froid atroce, sous la direction du général Eblé. L'uniforme des sapeurs et mineurs du génie comprend : l'habit, le gilet et la culotte bleu impérial ; les revers, collet, parements et pattes de parements en velours noir ; les épaulettes, ornements de shako, retroussis et passepoils écarlates. Les boutons et attributs sont en cuivre jaune. En outre, pendant les opérations de siège les sapeurs sont dotés de lourdes cuirasses et du « pot en tête » à visière et à large couvre nuque en acier noir. L'armement comprend le fusil d'infanterie et le sabre « briquet ».

Engineers

The history of the French Corps of Engineers truly began during the period of the First Republic, when it actually became a separate branch within the Army.

It was during the First Empire however, that a great renovation occured within the corps of Engineers. The autonomous companies of Sappers and Miners of the revolutionary period were then regrouped into battalions each of six companies strong. The number of these battalions was increased to eight, including five French and three foreign : Dutch, Italian and Spanish.

In 1805, General Marescot was appointed Chief-Engineer to Napoleon's « Grande Armée ». Each army corps had its own Engineer staff officers and every division included a Field company of engineers.

The Engineer General placed at army headquarters held supreme control over all these units as well as over the main depot of Engineer stores. The supplies of field equipment held by the latter could, when necessary, be immediately transported to the forward areas by the seventy three vehicles mustered by its own autonomous Transportation Corps. Engineers not only remained in charge of all siege operations, but also held the responsability of opening and clearing routes assigned to divisions, and that of training and advising infantrymen and gunners in the art of rapidly setting up field works and entrenchments when necessary.

In 1810, Napoleon decided to attach an Engineer company to his Imperial Guard. This unit was increased to battalion strength in 1814. The Emperor always appreciated the presence by his side of distinguished Engineer officers- such as Berthier, his chief of staff, Bertrand and Bernard. They were usually in his company during his personal reconnoitring and when he planned his future campaigns.

Amongst the finest achievments of Napoleon's Sappers the siege of Dantzig, in 1807, deserves particular mention, as well as some fifteen other sieges such as that of Sarragossa in Spain.

Furthermore, the difficult bridging operations of 1809, when crossing the Danube at the Isle of Lobau, near Vienna, and later, the passage over the Beresina River during the fateful retreat from Moscow in the winter of 1812 - will always remain famous episodes of French military history. During the latter operation, under the overall direction of General Eblé, the 450 sappers of General Dode de La Brunerie and Chasseloup-Laubat sacrificed their lives, to save the remnants of the Army, when building two makeshift bridges under heavy enemy fire and appalling, freezing weather conditions.

The traditional uniform of the Engineers : Sappers and Miners, was of dark blue cloth with black velvet lapels, collar, cuffs and cuff-slashes. Epaulettes, shako ornaments, turnbacks and piping were scarlet. Buttons and insignia were of brass. Moreover, during siege warfare operations, Sappers and Miners wore protective heavy steel cuirasses and helmets with both front and rear steel peaks. They were armed with infantry flintlock muskets, bayonets and short-swords called hangers.

COSTUMES DE L'ARMÉE FRANÇAISE.

Trains.

1806.	1811	1824.	1843	1843.	1843.
(Empire.)	(Empire.)	(Restauration.)	(Époque actuelle.)	(Époque actuelle)	(Époque actuelle.)
Train d'Artillerie.	Train des equipages.	Train d'Artillerie.	Train des équipages.	Train du Génie.	Train des Parcs d'Artillerie.

Trains

Pendant les guerres de la Révolution, le ravitaillement des troupes en campagne était encore assuré, tant bien que mal, par l'ancien système des charrois dépendant des entreprises civiles réquisitionnées ou sous contrat. Or, les marches rapides des armées, les concentrations subites, vont totalement bouleverser l'ancien système de guerre notamment dans le domaine de la logistique. Il en résultera que les administrateurs et entrepreneurs des organismes de transport civils ne peuvent plus suffire à leur tâche.

Les défauts et les insuffisances de ce système, quant à l'acheminement efficace de tout ce dont une armée a besoin en campagne, n'échapperont pas au génie de Bonaparte qui, dès son retour d'Egypte, décide de militariser le service des transports aux armées. Mais une réforme de cette importance ne pouvait pas se réaliser immédiatement. Aussi, les différentes composantes seront-elles créées successivement, à savoir :

- le train d'artillerie en 1803, puis celui du génie en 1806 (lesquels disparaîtront cependant sous le règne de Louis-Philippe) et enfin, le corps du train des équipages militaires en 1807. Le premier de ces corps était, à cette époque, spécialement affecté à la conduite des pièces d'artillerie, de l'acheminement des caissons de munitions, de tout l'attirail des canons et du matériel des pontonniers. Le train du génie se composait, initialement, d'autant de compagnies de transport qu'il existait de bataillons de sapeurs. Chaque compagnie disposait de 26 caissons transportant l'outillage et le matériel nécessaire aux travaux en campagne.

Le train des équipages militaires, qui va se dévouer particulièrement en Espagne et en Russie est articulé, sous l'Empire, en 9 bataillons chargés du transport des vivres, des effets de campement et d'habillement, des blessés et malades et des ustensiles nécessaires aux ambulances. Chaque bataillon du train dispose pour cela de 140 véhicules attelés.

Jusqu'à la fin du Second Empire, la couleur traditionnelle des uniformes du train est le gris de fer.

Transport Corps

During the French Revolutionary wars, the supply system of troops in the field was still largely in the hands of civilian contractors and carters. But since troop movements and concentrations in the field tended to speed up considerably, the aspect and conditions of warfare changed entirely, especially so in the sphere of logistics. It therefore became increasingly obvious that the current civilian contractual transport system had become inadequate.

These shortcomings, proving the inefficiency of the Army's supply system naturally struck General Bonaparte, the uprising military genius. The latter decided, soon after his return from his Egyptian Campaign, to militarize the transport system. However, such an important reform could not be possibly be carried out immediatly, thus the different components were raised and organized in succession.

The Artillery « Trains » were created in 1803, those of the Engineers in 1806 and the Military Transportation Corps not before 1807. The first of these components was responsible, in those days, for setting up of well-trained horse teams capable of drawing artillery pieces, ammunition limbers and Ordnance supply waggons of different types and also bridging equipment. The Engineer « Trains » included a number of horsed transport companies equivalent to the number of battalions of Sappers in the field. Each of these companies had 26 transport waggons at its disposal, carrying tools, gcar and equipment required by an army corps for its field-works.

The Military Transportation Corps served with great courage and devotedness in all subsequent Napoleonic campaigns and particularly so in the Peninsula and in Russia. It consisted of nine battalions, responsible not only for the conveyance of rations, stores, clothing, tents and various impedimenta but also for the transport of wounded and sick soldiers and medical supplies. In order to accomplish these tasks each battalion was able to muster 140 transport waggons.

The traditional « iron-grey » uniform of the French Transport Corps was worn until the close of the Second Empire (1870).

COSTUMES DE L'ARMÉE FRANÇAISE,

Corps étrangers. (Infanterie)

1750-89.	1811.	1812.	1810.	1812.	1814-30.
Louis XV et Louis XVI.	Empire.	Empire.	Empire.	Empire.	Restauration.
(Cap.ᵉ de Grenad.ˢ des Gardes Suisses)	(Leg.ⁿ Portug.ˢᵉ Grenad.ʳ)	(Leg.ⁿ de la Vistule Polonais)	(3ᵉ Rég.ᵗ 6.ᵗ à pied Hollandais)	(1.ᵉʳ Rég. Suisse)	(Garde Roy.ᵉ 7.ᵉ Rég.ᵗ Suisse)

Chez Aubert Pl. de la Bourse 29.

Imp. J. Aubert & Cⁱᵉ.

Corps Etrangers (Infanterie)

Foreign Troops in French Service

En 1616, à l'occasion du centenaire de la « Paix perpétuelle » avec les cantons helvétiques, la Garde du roi de France s'accroît d'un deuxième régiment d'infanterie, celui des Gardes suisses. Ils sont habillés d'écarlate, à revers et parements bleu de roi. Ce sont les couleurs inverses de celles des Gardes françaises. Le régiment, articulé en quatre bataillons, casernés à Rueil et Courbevoie, va participer à toutes les campagnes des armées royales en Europe et se distinguera particulièrement à Fontenoy en 1745. Fidèles au roi de France jusqu'à leur dernier souffle, les Gardes suisses, assurent la défense des Tuileries le 10 août 1792, se font massacrer par les révolutionnaires en exécutant, à la lettre, l'ordre malencontreux de Louis XVI leur intimant l'ordre de cesser le feu.

Reconstitués en 1816 par Louis XVIII, les deux régiments suisses de la Garde royale défendront une nouvelle fois le trône de France lors de la Révolution de juillet 1830. Ainsi, après plus de trois siècles de bons et loyaux services, les régiments suisses au service de la France cesseront d'exister en 1831, mais plusieurs centaines de Suisses vont contribuer à former la nouvelle Légion étrangère sous Louis-Philippe.

La Légion portugaise est formée en 1808 par le général Junot au licenciement de l'armée royale. Forte d'environ 4000 hommes, elle comprend trois régiments d'infanterie, un bataillon de chasseurs et un régiment de cavalerie sous les ordres du général d'Almeida. L'uniforme est brun capucin agrémenté de rouge. Les Portugais se distinguent surtout à Wagram et à Smolensk, mais cette Légion sera dissoute en 1813.

C'est avec les survivants des volontaires de Dombrowski qui avaient servi la France pendant les guerres de la Révolution, qu'est créée en 1807, à Varsovie, la Légion de la Vistule. Elle va comprendre quatre régiments d'infanterie et deux de lanciers qui vont s'illustrer notamment lors de la prise de Saragosse et pendant la campagne de Russie.

En 1806, la République batave devient royaume de Hollande, dont le souverain est Louis Bonaparte lequel va abdiquer quatre ans plus tard. Lorsque la Hollande est réunie à la France en 1810, le régiment de grenadiers de l'ancienne Garde royale est incorporé à la Garde impériale. Il devient 3e grenadiers et conserve son ancien uniforme blanc et amarante. Ce magnifique régiment sera entièrement détruit péndant la retraite de Russie en 1812.

The Swiss Guards, second Infantry Regiment in the French King's Guards, were raised in 1616, in celebration of the centenary of the signing of the « Everlasting Peace » treaty with the the Swiss cantons.

This regiment was dressed in scarlet with royal blue lapels and facings. These were the reversed colours to those of the French Guards. The Swiss Guards were four battalions strong and were stationed at Rueil and Courbevoie, in the vicinity of Paris.

They took part in all the French kings' campaigns in Europe and particularly distinguished themselves at Fontenoy in 1745. Remaining faithful to their oath towards the King of France, to their last breath, they were massacred practically to the last man when defending the Tuileries Palace, on August 10th 1792. They had literally carried out King Louis XVI's most unfortunate order for them to cease fire, against the fierce revolutonary mob, so as to avoid further bloodshed.

Reconstituted in 1816 by King Louis XVIII, the two Swiss Regiments serving in the Royal Guard defended, once again, the throne of France during the brief Revolution of July 1830. Thus, after more than three centuries of good and loyal service, within the French Army, all the Swiss Regiments were disbanded in 1831.

However, several hundreds of these Helvetic soldiers contributed to the raising by King Louis-Philippe of the new French Foreign Legion.

The Portuguese Legion was raised by French General Junot upon disbandment of the Royal Portuguese Army in 1808. Consisting of three infantry regiments, a battalion of Riflemen and a regiment of cavalry and commanded by General d'Almeida, this Legion was 4000 strong. Its uniform was of caracteristic « Capuchin brown » with scarlet lapels and facings. Before their disbandment in 1813, the Portuguese troops in French service fought with distinction at Wagram and Smolensk.

It was with the survivors of Dombrowski's volunteers, who had served France during the wars of the Revolution, that the Vistula Legion was raised in Warsaw in 1807. It consisted of four infantry regiments and two of Lancers which all particularly distinguished themselves during the capture of Saragossa and during the Russian Campaign of 1812.

In 1806, the former Batavian Republic became the Kingdom of Holland and Louis Bonaparte was placed on the throne. He abdicated four years later however. When Holland was united to France, the Grenadier Regiment of the Dutch Guards was incorporated into Napoleon's Imperial Guard. It then became the third Grenadiers of the Guard, but was entitled to retain its old white uniform with crimson lapels and facings. This very fine regiment was completely destroyed during the retreat from Russia in 1812.

COSTUMES DE L'ARMÉE FRANÇAISE.
Troupes Etrangères.

Chez Aubert & C.ie Pl. de la Bourse.

Imp. d'Aubert & C.ie

1795.	1796.	1805.	1810.	1824.	1845.
(République.)	(République.)	(Empire.)	(Empire.)	(Restauration.)	(Louis-Philippe 1.er)
Légion Noire.	Légion Polonaise	Légion Hanovrienne	Légion Irlandaise.	Légion de Hohenlohe	Légion Etrangère.

Troupes Etrangères

Troupe irrégulière étrangère créée au début du Directoire, pour lutter contre la Chouannerie, la 1ère Légion des « Francs de l'Ouest » est surnommée « Légion Noire » en raison de son uniforme gris et noir.

Après le démembrement de la Pologne en 1795, un groupe de patriotes en exil animé par le général Dombrowski, ancien partisan de Kosciuszko, vient se mettre à la disposition de Bonaparte en Italie avec l'espoir de constituer une Légion polonaise.

Bientôt deux Légions, habillées à la polonaise, sont formées et combattent aux côtés de l'armée française pendant toute la durée de la campagne d'Italie. Alors que la 1ère Légion reste à la disposition de la nouvelle République italienne, la 2ème, après avoir été Légion du Danube, va trouver son tombeau à Saint-Domingue en 1803, anéantie par les fièvres des Antilles.

La Légion hanovrienne, créée par Marmont à la fin du Consulat, comprend deux bataillons d'infanterie et deux escadrons de chasseurs à cheval. Elle combat au Portugal et en Espagne de 1807 à 1811.

La Légion irlandaise, formée en 1803, devient régiment irlandais sous l'Empire et prend le titre de 3ème Etranger en 1811. Ce régiment qui combat principalement en Espagne (où il recrute des déserteurs britanniques), en Russie et en Allemagne en 1813, ne sera dissous qu'après Waterloo. Habillés de rouge dans les armées du roi de France, les Irlandais de Napoléon retrouvent le vert, couleur traditionnelle de leur pays d'origine.

Les débris des régiments étrangers du Premier Empire sont fondus en un seul corps — la Légion de Hohenlohe — lors de la Restauration en 1815. Le créateur de ce corps, le maréchal de France, prince de Hohenlohe, s'était uni, en 1792, sur le Rhin, à l'armée des émigrés français.

C'est par la loi du 9 mars 1831, que le roi Louis-Philippe crée une Légion étrangère destinée à n'être employée qu'en dehors du territoire continental du royaume. Les premiers légionnaires viennent de la Légion de Hohenlohe et des régiments suisses de la Restauration. Il y aura aussi des réfugiés politiques et des déserteurs. Au début, chaque bataillon correspondait à une nationalité.

Aguerris certes, par trois ans de campagnes en Espagne (1835-1837) et vingt en Algérie (1831-1851), on doit reconnaître néanmoins que la Légion ne gagnera ses véritables « titres de noblesse » d'élite de l'armée française que sous le Second Empire.

Foreign Troops in French Service

In order to help quell the Royalist Counter-Revolution of the "Chouans", the French Directory Government (1795-1799) raised a foreign irregular force called "1st Frankish Legion of the West" better known as the "Black Legion" on account of its grey and black uniform – illustrated on the adjoining print.

Following the dismemberment of Poland in 1795, a group of exiled patriots of that country animated by General Dombrowski, a former partisan of the Polish hero Kosciuszko, came to Italy to place themselves at the disposal of General Bonaparte with the hope of being able to establish a Polish Legion.

Soon, two such Legions, dressed in Polish national costume, were formed up and fought side by side with the French Republican Army during the whole campaign in Italy. Whilst the first of these Legions remained in the service of the newly created Italian Republic, the second one after having borne the title of "Legion of the Danube" in French service, met its doom in 1803 on the isle of San Domingo, annihilated by the dreaded West Indies' fevers.

The Hanoverian Legion, created by General Marmont at the end of the Consulate period (1799-1804) consisted of the two battalions of infantry and two squadrons of light horse. This Legion saw a great deal of action within the French Army both in Portugal and in Spain from 1807 to 1811.

The Irish Legion, raised in 1803, became the Irish Regiment of Napoleon's Army before receiving the title of "Third Foreign Regiment" in 1811. It fought throughout the Peninsular War, recruiting its reinforcements mainly amongst the deserters from the British Army which opposed it, and also in Russia in 1812 and in Germany in 1813. Although the old Irish Regiments in the service of the Kings of France were always dressed in scarlet, the Emperor preferred to give them a green uniform which was their home country's traditional colour.

In 1815, during the Restoration the debris of the former foreign regiments of the Imperial Army were amalgamated into a single corps named the "Legion of Hohenlohe". The creator of this regiment being the Prince of that name, a new Marshal of France who had left his country in 1792, to join the Royalist Emigré's Army beyond the Rhine.

Following these decree of 9th March 1831, Louis-Philippe King of the French, raised the Foreign Legion which, it was laid down, was to serve the French Kingdom everywhere except on its national continental territory. The first Legionnaires to join up came from the Hohenlohe Legion and from the Restoration's former Swiss regiments now disbanded. The Legion was also to include political refugees and some deserters. Originally, each one of its battalions was to include men hailing from the same nation. This unsatisfactory system was soon given up.

Although accustomed to the hardships of war by the years of campaigning in Spain (1835-1837) and twenty more years of active service in Algeria, it is a recognized fact however, that the French Foreign Legion gained its true laurels of glory, as Elite of the Army, in the course of the campaigns of Napoleon III's Second Empire (1852-1870).

COSTUMES DE L'ARMÉE FRANÇAISE.

Régimens Etrangers au service de France.

Chez Aubert & C.ⁱᵉ Pl. de la Bourse

Imp. d'Aubert & C.ⁱᵉ

1746.	1750.	1772.	1786.	1810.	1812.
(Louis XV.)	(Louis XV)	(Louis XV)	(Louis XVI.)	(Empire.)	(Empire.)
Croates.	Régiment de Fitz-James.	Régiment Irlandais de Clare.	Régiment de Nassau-Sarbruck.	Légion Portugaise.	Tartare Lithuanien.

Régiments Etrangers au service de France

En 1746, une ordonnance royale autorise le maréchal Maurice de Saxe à constituer, avec des déserteurs autrichiens, un corps de 250 hommes au service de France. On lui donne le nom de Croates-infanterie, qui avec la compagnie franche de cavalerie Pandours, est placé sous les ordres de M. de La Roche. Sa tenue pittoresque, à la hongroise, comprend le dolman à tresses, le bonnet, la culotte et les bottes à la hussarde (NDLR : l'illustrateur aurait dû colorier le dolman en vert foncé). Ce corps éphémère, participera à la dernière phase de la guerre de Succession d'Autriche, puis sera licencié en décembre 1748.

Le deuxième personnage appartient à l'Ancien régiment « Roi d'Angleterre » formé en 1691 par Jacques II avec des émigrés irlandais et qui passe au service de France en 1698 sous le nom de Sheldon-lrlandais. En 1732, il devient la propriété du duc de Fitz-James et prend son nom. Anéanti à la bataille de Culloden, en Écosse, en 1745, au service du prétendant Charles Stuart, il est reconstitué à temps pour participer dans nos rangs aux victoires de Raucoux et Lawfeld l'année suivante — avant d'être licencié en 1761.

Clare, est un des six redoutables régiments de la brigade d'infanterie irlandaise qui décide du succès de nos armes à Fontenoy, en 1745, contre les Anglo-Hollandais. Des formations irlandaises existent encore dans l'armée française sous la Première République et le Premier Empire.

Nassau-Saarbrück-cavalerie est formé au service de France en 1775 par le prince Guillaume-Henri de ce nom. Il sera licencié en 1788 sans avoir participé à aucune campagne. Ses cavaliers seront incorporés dans les hussards.

Comme il a déjà été précisé dans le texte de la planche no 41, la Légion portugaise créée en 1808 par le général Junot comprend outre six régiments d'infanterie — deux de chasseurs à cheval qui se distinguent en Russie avant de disparaître en 1813. Avec l'uniforme brun-capucin des régiments portugais, ces cavaliers portent un casque à chenille noire.

Formé en Lithuanie en juin 1812, un escadron de lanciers tartares musulmans rejoint la Grande Armée pendant la retraite de Russie et se distingue à Wilna. Réduit à cinquante hommes, l'escadron est rattaché au 1er chevau-légers polonais de la Garde impériale et participe avec eux aux campagnes de Saxe de 1813 et de France en 1814.

Foreign Regiments in French Service

A Royal Decree of 1746 authorized Marshal Maurice de Saxe to establish a special unit of 250 men picked among the deserters of the Austrian Army. They were taken into French service under the title of "Croatian-Infantry" and teamed together with an irregular Magyar squadron known as "Pandours", they were placed under the command of the Marquis de La Roche. Their picturesque Hungarian uniform with its looped hussar-type dolman, typical head-dress, breeches and boots (the artist should have painted the dolman in dark green) did not prevent them from being disbanded in 1748, after having taken an active part in the final phases of the War of Austrian Succession.

The second military figure illustrated here belonged to the former "King of England Regiment" raised in 1691 by James the Second with Irish political exiles. This regiment came to France in 1698 and was then called "Sheldon-Irish". In 1732 it became the property of the Duke of Fitz-James and was given the latter's name. It was practically destroyed at the battle of Culloden in 1745, after having been sent to Scotland to fight for the Young Pretender, Charles Stuart, known as Bonny Prince Charlie. The debris of Fitz-James'Horse were, however, re-organized in France the following year, just in time to participate in the victories of Raucoux and Lawfeld within the French ranks. The regiment was disbanded however in 1761.

Clare, was one of the six redoubtable regiments of the Irish infantry brigade which played such a decisive part at the French victory of Fontenoy in 1745 against the Anglo-Dutch Army. Irish regiments still existed in French service under the First Republic and the First Empire.

The cavalry regiment of Nassau-Saarbrück was raised in France in 1775 by Prince William-Henry of that name. It was disbanded in 1788 without having taken part in any campaigns and its horsemen were drafted into the existing French Hussar regiments.

As it has already been stated on a previous page, the Portuguese Legion had been established in 1808 by General Junot of Napoleon's army. It included, besides its six infantry regiments, two regiments of mounted "Chasseurs".

The latter, gave an excellent account of themselves during the disastrous Russian campaign, before being done away with in 1813. The trooper depicted here wears the black fur-crested helmet with his "Capuchin brown" uniform, traditional colour of the Portuguese troops.

Raised in Lithuania in June 1812, a squadron of Tartar Moslem lancers arrived to reinforce the Napoleonic army during its retreat from Moscow and distinguished itself at the Battle of Vilna. Their numbers having been reduced to fifty troopers, the Tartar horsemen were attached to the 1st Polish Light-Horse-Lancers of the French Imperial Guard and, within their ranks, they took an active part in the ensuing campaigns, in Saxony in 1813 and in France in 1814.

COSTUMES DE L'ARMÉE FRANÇAISE.

Volontaires. (Cavalerie.)

1758.	1758.	1758.	1761.	1800.	1815.
(Louis XV.)	(Louis XV)	(Louis XV.)		(République)	
Volontaires de Schomberg.	Vol.res Liegeois.	Vol.res de Nassau-Sárbruck.	Vol.res de Clermont Prince.	Houzards Volontaires.	Cosaques Français, volontaires

Imp d'Aubert & C.ie

Chez Aubert & C.ie Pl. de la Bourse, 29.

Volontaires (Cavalerie)

Cavalry Volunteers

Jusqu'au deuxième tiers du XVIIIe siècle, avant la mise sur pied permanente d'une véritable cavalerie légère et d'unités d'infanterie spécialisée telles que les chasseurs à pied, il n'existe pas en France de troupes régulières aptes à assurer la sûreté éloignée et rapprochée des armées en campagne. Pour couvrir les lentes concentrations et déploiements, éclairer la marche des colonnes, protéger les flancs, arrières et lignes de communication, on fait appel à des formations, souvent éphémères, de volontaires composées de rudes guerriers professionnels, recrutés en France ou à l'étranger. Ce sont les Troupes Légères, les « Corsaires de l'armée » au service du roi de France.

Ce sont ceux dont on parle peu, que l'on remercie d'une poignée de pièces d'or et que l'on licencie dès la paix revenue, mais qui répondent toujours à l'appel lorsque leur présence redevient nécessaire.

C'est du casque de cuivre à crinière, inventé par le maréchal de Saxe pour ses volontaires en 1743 que dérive celui porté, encore de nos jours, par les cavaliers de la Garde Républicaine. A sa mort, le maréchal lègue son régiment à son neveu le comte de Frise qui le passera au comte de Schomberg. En 1762, ces volontaires étrangers sont incorporés dans l'armée royale sous le nom de dragons de Schomberg, qui deviennent le 17e de l'arme en 1791.

Anciens hussards de Raugrave, les volontaires Liégeois sont créés en 1756. Ils participent à la bataille de Rosbach où ils se couvrent de gloire en essayant d'endiguer la déroute française. Ils sont licenciés en 1762.

Les volontaires de Nassau-Saarbruck deviennent Royal Nassau Hussards en 1759. Ils participent aux victoires et défaites françaises en Allemagne pendant la guerre de Sept Ans. Licenciés en 1776, les escadrons sont versés directement dans les hussards réguliers au service de France : Bercheny, Chamborant, Conflans et Esterhazy.

Les volontaires du prince Louis de Bourbon-Condé, comte de Clermont sont créés en 1758 et participent à la Guerre de Sept Ans. Ils sont incorporés à la Légion de Condé en 1766 et deviennent chasseurs à cheval, en 1776, lors du licenciement des Troupes Légères.

Le Premier Consul crée, en 1800, une légion de volontaires de Paris composée de jeunes gens de familles aisées ayant échappé à la conscription. Ce sont les Houzards Volontaires de Bonaparte surnommés « les Canaris » en raison de leur dolman jaune-chamois. Les futurs généraux de Ségur et de Flahaut, aides de camp de l'Empereur, sortent de leurs rangs.

Lors du retour d'exil de Napoléon, en mars 1815, la nouvelle menace d'une invasion de la France par les Alliés suscite la formation hâtive de plusieurs unités éphémères de volontaires français et étrangers. Parmi celles-ci figure une petite troupe pittoresque composée d'anciens soldats des « pays de l'Est » démobilisés en France : ce sont les cosaques volontaires, surnommés « cosaques de la Meuse ».

Until well into the middle of the XVIIIth century – before the permanent establishment of both light cavalry and infantry units – there existed in France no regular units capable of ensuring skilful screening operations aimed at protecting an army in the field. When the necessity arose tactically – to cover slow concentrations and deployments of troops, to reconnoitre the routes of columns on the move, to assure the protection from surprise enemy attacks of their flanks, their rear and their lines of communication – then were French Army commanders usually compelled to muster rapidly temporary volunteer units composed of uncouth but professional and specialized warriors recruited in France or abroad. These were known as "Light Troops", or the "Privateers", of the King's Army.

Those were the men about whom little was said, those who were sent away, with a mere handful of gold coins, as soon as peace terms were negotiated – but who were always ready to respond, without fail, should a call to arms, requesting their presence, ring out once more.

Those polished steel helmets, with a horse-hair queue, worn to this day by the cavalrymen of the French Republican Guards are directly derived from those first designed by Marshal de Saxe in 1743 for his bodyguard of uhlan volunteers. Before his death, the Marshal bequethed his regiment to his nephew Count de La Frise, who in turn passed it to Count de Schomberg. In 1762, these foreign mounted volunteers were incorporated into the King's Army under the title of Schomberg's Dragoons, who in 1791 were to become the 17th Regiment of Dragoons.

Formerly known as Raugrave's Hussars, the Volunteers from Liège were established in 1756. They took part in the Battle of Rosbach where they gave an excellent account of themselves in bravely attempting to prevent the French infantry from retreating. They were disbanded however in 1762.

The Nassau-Saarbruck Volunteers were to become the Royal Nassau Hussars in 1759. They took their share in the French victories and defeats in Germany during the Seven Years War. Disbanded as such, in 1776, their squadrons, untouched, were directly transferred into each of the four already existing French Army Hussar Regiments : Berchény, Chamborant, Conflans and Esterhazy.

Prince Louis de Bourbon-Condé, also Count of Clermont, raised his own regiment of volunteers in 1758 which took part in the Seven Years War. In 1766, these men were drafted into Condé's Legion and became, in 1776, a regiment of *"Chasseurs à cheval"* upon disbandment of all the former "Light Troops"

Napoleon, when First Consul in 1800, raised a Legion of Parisian Volunteers composed entirely of young men of wealthy families who had hitherto escaped from circonscription. They became known as Bonaparte's Volunteer-Hussars and were nicknamed "The Canaries", on account of their buff-coloured dolmans. Two of Napoleon's better known aides de camp, Generals de Ségur and Flahaut, had begun their early career with the Canaries.

When the exiled Emperor returned from Elba in March 1815, the Allied Powers threatened to invade France once again. This will give rise once more to the hurried raising of several temporary volunteer units both French and foreign. Amongst the latter, there existed for a short while, an unusually odd looking unit dressed in approximate cossack style and composed entirely of refugees demobilized in France : they were nicknamed "The Cossacks of the Meuse".

COSTUMES DE L'ARMÉE FRANÇAISE.
l'Armée d'Orient & l'armée d'Afrique.

1798.	1798.	1804.-1814.	1841.	1841.	1841.
(République.)	(République)	(Empire)	(Armée d'Afrique)	(Armée d'Afrique)	(Armée d'Afrique)
(Reg.t des Dromadaires)	(Grenad.r de l'armée d'Egypte)	(Mameluck de la Garde)	(Chass.r a cheval. M.al des Logis)	(Zouaves Sergent)	(Voltig.r d'Inf.ie leg.re Sergent)

Chez Aubert & C.ie Pl. de la Bourse

Imp. d'Aubert & C.ie

L'Armée d'Orient et l'Armée d'Afrique

Afin de seconder les faibles moyens en cavalerie du corps expéditionnaire d'Egypte et de pouvoir disposer d'éclaireurs et d'infanterie montée pouvant agir rapidement en zone désertique, Bonaparte crée, en janvier 1799, le régiment des dromadaires, dont les effectifs totalisent environ 450 hommes, articulés en huit compagnies. Bien que son chef s'appelle Cavalier, les éléments de cette formation proviennent principalement de l'infanterie. Ses compagnies assurent les flancs et les arrières des colonnes notamment pendant les expéditions en Palestine et en Haute Egypte. Rapatrié en France en 1801, sans ses montures, ce régiment pittoresque, habillé à la hussarde, est dissous à Nîmes et ses personnels seront versés dans la gendarmerie et dans les Guides du Premier Consul.

Lors de leur débarquement en Egypte, en juillet 1798, les fantassins de Bonaparte portent encore l'épais habit de drap bleu et le lourd chapeau de feutre à deux cornes. Cette tenue peu pratique sous le soleil d'Afrique sera bientôt remplacée par un uniforme de toile et par une sorte de casquette en cuir.

A la suite de l'anéantissement, en quelques heures, au pied des Pyramides, de la cavalerie de la puissance mameluck qui dominait l'Egypte, environ deux cents de ces guerriers folkloriques, sont incorporés dans l'armée française. Ils formeront l'escadron de mamelucks de la future Garde impériale.

Peu après la prise d'Alger, en 1830, il va s'avérer nécessaire de créer de nouvelles formations de cavalerie légère, adaptée au pays : ce seront les chasseurs d'Afrique.

Dès août 1830, les Kabyles belliqueux de la Confrérie des Zouaoua viennent offrir leurs services à la France. On va former avec ces volontaires le premier bataillon de Zouaves. Composés exclusivement d'éléments français à partir de 1840, il n'en demeure pas moins que leur légendaire costume à la turque comprend initialement le turban vert des pèlerins de la Mecque.

Enfin les bataillons d'infanterie légère d'Afrique, composés d'anciens « disciplinaires » surnommés « Joyeux » ou « Zéphyrs », créés à partir de 1832, ont un passé militaire glorieux.

Near Eastern and North African Troops

In order to make up for the weakness in numbers of the cavalry of the French Expeditionary

Forces in Egypt, and to have at his constant disposal a mobile force of mounted infantry scouts capable of patrolling in desert areas, General Bonaparte raised, in 1799, the Dromedary Corps whose total strength was 450 men, split up into eight companies. Notwithstanding the fact that its commanding officer's name was Cavalier, it occured that the majority of the personnel of this unit were infantrymen. Its companies were mainly responsible for flank and rear guards of columns on the march, especially so during the expeditions into Palestine and Upper Egypt. Sent home to France in 1801, on British ships, but without their mounts, this picturesque regiment, which wore hussar style dress, was disbanded at Nîmes on arrival. Its officers and rank and file were tranferred into the Gendarmerie and to the First Consul's own « Corps of Guides ».

Upon landing in Egypt in July 1798, General Bonaparte's infantrymen were still dressed in their ordinary dark blue cloth uniform coats and wearing heavy felt cocked hats. This most unpractical form of campaign garb, worn under the African sun, was soon replaced by linen uniforms and by odd looking leather « jockey-cap » head-dress.

Following the rapid annihilation, near the site of the Pyramids, of the cavalry of the Mameluk power which had for so long dominated Egypt, two hundred of these brave and colourful horsemen were enrolled into the French Army. They were later to form the splendid Mameluk Squadron of the Imperial Guard.

Soon after the capture of Algiers by the French Army in 1830, the General Staff realised the urgent necessity of creating new, flexible, light cavalry units better adapted to the local form of warfare : they were the « *Chasseurs d'Afrique* ».

As early as August 1830, some of the warlike tribesmen of the « Zouaoua Brotherhood » came up to offer their service to the French Expeditionary Corps in Algeria. The welcome arrival of these volunteers enabled the raising of the First Battalion of Zouaves. Although, from 1840 onwards, the latter was entirely composed of Frenchmen, the uniform they wore for the next hundred years was of the traditional Oriental or Turkish style including, initially, the green turban normally worn by the pilgrims returning from Mecca !

Lastly, those units known as « Light Infantry Battalions of Africa » were raised in 1832. The rank and file of these somewhat peculiar battalions was made up entirely of former members of Disciplinary Companies, known by their nicknames such as « *les Joyeux* » and « *les Zéphirs* », these hardened soldiers often showned up the finest warlike qualities in the ensuing century of colonial and European campaigns.

COSTUMES DE L'ARMÉE FRANÇAISE.
Troupes africaines et asiatiques au service de France.

Imp. d'Aubert & Cie   Chez Aubert & Cie Pl. de la Bourse.

1798.   1799.   1814.   1841.   1845.   1845.

(République.)   (République.)   (Restauration.)   (Louis-Philippe 1er)   (Louis-Philippe 1er)

Compagnies noires.   Légion Cophte.   Cypayes.   Gendarmes Maures.   Spahis.   Tirailleurs Indigènes.

Troupes Africaines et Asiatiques au service de France

African and Asiatic Troops in French Service

C'est pendant les campagnes aux Antilles contre les Britanniques que le général mulâtre Toussaint-Louverture, nommé en 1797 à la tête de l'armée de Saint-Domingue par le gouvernement français de la Convention, forme cinq « Compagnies Noires Républicaines » avec des anciens esclaves. Sous le Consulat, il sera créé trois bataillons de pionniers avec des Noirs ramenés en métropole.

En 1799, pendant la campagne d'Egypte, Bonaparte crée un bataillon copte avec des volontaires chrétiens du Proche-Orient. Ramenés à Marseille en 1802, les débris de ce corps vont être intégrés dans les Chasseurs d'Orient que l'Empereur envoie tenir garnison à Raguse, puis dans les îles Ioniennes, occupées par la France jusqu'en 1814.

C'est en 1737 que le gouverneur de Pondichéry recrute un corps de fantassins indigènes, dénommés Cipayes ou Cipahis, au profit de la Compagnie française des Indes Orientales. Ils sont plus de 10.000 sous les ordres de Dupleix en 1750. Licenciés en 1793, après la perte des Comptoirs français en Inde, ils seront rétablis, à quatre compagnies, lors de la Restauration en 1815. A partir de 1907, le corps des Cipayes est rattaché à la Gendarmerie. Il sera définitivement dissous en 1954.

La Légion de Gendarmerie d'Afrique est créée en 1839 pendant la conquête de l'Algérie. Elle est articulée en quatre compagnies implantées à Alger, Blida, Constantine et Oran. Chaque compagnie comprend un peloton d'Auxiliaires indigènes montés, qui prennent le titre de Gendarmes Maures et portent la tenue à l'Orientale, similaire à celle des Spahis.

Les Spahis étaient à l'origine des troupes de cavalerie, turques en majorité, qui servaient le dey d'Alger. Après la prise de cette ville, en 1830, ces troupes se trouvant licenciées, certains éléments vont se ranger sous les ordres d'officiers français pour former des corps de Spahis d'abord auxiliaires, puis réguliers à partir de 1841.

L'origine des Tirailleurs Algériens, « les Turcos », remonte à diverses formations irrégulières turques et arabes créées par les Français dès 1833. C'est en 1841 que sont constitués les trois premiers bataillons de tirailleurs indigènes. Ce ne sera qu'en 1855, pendant la guerre de Crimée, qu'un décret impérial va ordonner la création définitive de trois régiments de tirailleurs, un par province de l'Algérie. Le gilet et la veste sont verts foncés (et non bleus) jusqu'en 1846. Depuis lors, l'uniforme sera entièrement bleu ciel, agrémenté de jonquille.

It was during the campaign in the West Indies against the British that the mulatto General Toussaint-Louverture, who had been given command of the army of Saint-Domingo by the government of the French National Convention, raised five "Black Republican Companies" consisting of former slaves. Later on, during the Consulate, three battalions of these black pioneers were formed in France.

During his Egyptian campaign in 1799, General Bonaparte formed a "Coptic Battalion" with local Middle-Eastern Christian volunteers. The remaining elements of this unit when brought back to Marseilles in 1802 were integrated into the "*Chasseurs d'Orient*" who were sent to garrison first Ragusa on the Adriatic coast and then the Ionian islands, which were occupied by the French until 1814.

In 1737, the Governor of Pondichery recruited on behalf of the French East Indian Company a body of native infantry called Sepoys or "Cipahis". In 1750 General Dupleix had 10.000 of these Indian soldiers under his command. They were disbanded in 1793 when the French Republic had lost the last of its Indian territories but were re-activated after the Restoration of 1815. From 1907 forwards, these French Sepoys were attached to the Gendarmerie. They were definitively disbanded in 1954, when the last French territories in India recovered their independence.

The "African Legion" of the Gendarmerie was formed in 1839 at the time of the conquest of Algeria. It consisted of four companies which covered the districts of Algiers, Blida, Constantine and Oran. Each of these companies included a troop of auxiliary native horsemen who received the title of "Moorish Gendarmes". They wore an oriental type uniform very similar to that of the Spahis.

Originally, the Spahis were a body of native cavalry, mainly Turcs, serving in the army of the Dey of Algiers. Following the conquest of this town in 1830, these troops were disbanded. A certain number of these former mercenary horsemen however, expressed the wish of serving under the French. Officered by Frenchmen, an auxiliary corps of Spahis was duly organized in 1831. They were expanded to form several regular army regiments in 1841.

The origin of the « Tirailleurs Algeriens » (Sharpshooters) nicknamed « the Turcos » can be traced back to the various irregular Turkish or Arab units formed by the French since 1833. In 1841, the first three regular battalions of native Tirailleurs were organized. It was not before 1855 however, during the Crimean War, that an Imperial decree ordered the definite formation of three complete regiments of Tirailleurs, one for each of the Algerian provinces.

The short native jacket and waistcoat worn by these soldiers were originally dark green until 1846 (and not blue as depicted). After that date their uniform became entirely sky-blue with yellow piping and ornaments.

COSTUMES DE L'ARMÉE FRANÇAISE.

Administration Militaire.

1746.	1791.	1793.	1806.	1817.	1845.
(Louis XV.)	(Louis XVI.)	(République)	(Empire.)	(Restauration)	(Louis-Philippe Ier)
Commissaire des guerres	Cre des guerres.	Cre des guerres.	Cre des guerres	Intendant Militaire.	Intendant Militaire.

Administration Militaire

Jusqu'au début du XIVe siècle, les capitaines sont seuls administrateurs de leur compagnie et agissent sans aucun contrôle. Aussi sous le règne de Charles V, en 1360, afin de parer aux abus, crée-t-on quelques commissaires spéciaux chargés des revues des effectifs, des approvisionnements et de la police. Mais la véritable administration militaire ne va naître qu'avec les armées permanentes.

Les commissaires des guerres sont créés en 1517 par François 1er. Leurs pouvoirs sont étendus par Richelieu en 1625 et complétés par Louvois en 1668. Ce dernier adjoint à la classe des commissaires celle de contrôleurs des guerres et institue la vénalité de ces charges.

Les rapports entre ces administrateurs civils et les colonels, dont ils sont chargés de dénoncer les prévarications éventuelles, ne sont donc pas des meilleurs. Mais sous Louis XIV, une nouvelle génération de chefs militaires commencent à considérer les commissaires des guerres comme des auxiliaires indispensables. Sous Louis XV, les commissaires des guerres seront progressivement militarisés, ils sont assimilés aux capitaines d'infanterie, obtiennent un uniforme en 1746 et ont accès aux conseils de guerre.

La Révolution maintient les commissaires des guerres après avoir supprimé la vénalité de leur charge. Ralliés en grand nombre au nouveau régime, beaucoup d'entre eux restent en place. A partir de 1791, ils deviennent de véritables magistrats militaires, on pourrait dire de nos jours des "commissaires politiques". Les commissaires ordonnateurs deviennent, quant à eux, des grands juges, présidant les cours martiales !

Napoléon sépare complètement l'administration de la guerre de la direction des opérations militaires. Il crée deux corps : celui des inspecteurs aux revues, indépendants du commandement, chargés de surveiller et de contrôler les effectifs et les personnels ; celui des commissaires des guerres, subordonnés au commandement, chargés des ravitaillements (munitions, vivres, fourrages, habillement, ambulances) et des vérifications des dépenses. Malgré sa valeur, cette organisation ne donnera pas les résultats escomptés parce que les exécutants n'ont pas l'initiative qui naît de la responsabilité. Quoi qu'il en soit, l'époque impériale connaît quelques grands administrateurs militaires tels que Daru et les généraux Dejean, Lacuée et Mathieu Dumas.

L'ordonnance de juillet 1817 recrée un corps unique, celui des intendants militaires, hiérarchisé (intendants, sous-intendants, adjoints) assimilé aux officiers du grade de général de brigade à celui de commandant. Ce corps dévoué, travailleur et scrupuleux à l'extrême, qui compte 264 officiers en 1845, aura en définitive, dans les années qui vont suivre, un effet néfaste sur la disponibilité et la mise en œuvre des forces françaises en campagne, en raison de son manque de flexibilité, d'esprit d'improvisation et surtout par sa redoutable paperasserie tracassière et paralysante !

Military Administration

Until the beginning of the XIVth century it was customary that captains should be expected to administer their own company. Consequently, under the reign of Charles V of France, in 1360, several special "commissaries" were appointed with the object of avoiding all possible corruption. Their duty consisted in controlling registers and returns of manpower, stores and supplies. However, proper military administration originated only when permanent or standing armies were formed.

In 1517, King Francis 1st appointed a number of civilian "Commissioners for War". The latters' power were to be extended by Cardinal Richelieu in 1625 and completed by Louis XIV's minister Louvois, in 1668,, who then added another class of both administrators known as " War Controllers" and rendered both these appointments purchasable.

As could be expected, the relations established between these civilian administrators and the colonels commanding regiments – whose possible jobbery they were supposed to denonce – were far from cordial, to say the least of it. But, during the reign of Louis XIV, a new generation of senior military leaders began to consider that Commissioners for War, were after all, indispensable assistants.

Under Louis XV, these Commissioners were gradually militarized and were henceforth considered as ranking with infantry captains. In 1746 they were permitted to wear a uniform and to attend war-councils.

The revolutionary period maintained the Commissioners for War, after having abolished their privilege of purchasing or selling their appointment. Many of these men however, were brought round to join the new regime and so kept their function. From 1791 onwards, they became a sort of military magistrates, whom one might have called nowadays " Political Commissars". Some of them even became redoubtable judges presiding courts-martial!

Napoleon was to separate entirely the War Administrative Department from that of the Direction of Military Operations. He therefore created two separate entities : on the one hand, the inspectors, who were independant from the military chain of command and were responsible for the management of military personnel and of checking the manpower returns in each unit ; on the other hand, the Commissioners for War, who were directly subordinated to the military hierarchy, were responsible for supply (ammunition, rations, fodder, clothing, ambulances) and also for the pay and the auditing of expenses. In spite of its worth, this administrative organization never attained the expected results because the men in charge lacked the initiative compatible with their responsabilities. The Imperial period produced, nevertheless, some first-class military administrators such as Napoleon's minister Daru and several competent quatermaster-generals like Dejean, Lacuée and Mathieu Dumas.

A general order of July 1817 established a new single hierarchicalised corps : that of the Military Commissariat which included administrative officers ranking from brigadier-general down to major. This most devoted, loyal, hard working and conscientious corps included 264 officers in 1845. Unfortunately, its persistent lack of flexibility and of improvisation, its fondness of red tape and its often vexatious, suspicious, and paralysing methods of work led, on several occasions to a serious delay in the availability and engagement of French troops in some XIXth century wars.

COSTUMES DE L'ARMÉE FRANÇAISE.

Chirurgiens & Infirmiers.

1798.	1810.	1843.	1810.	1829.	1843.
République.	Empire.	Epoque actuelle.	Empire.	Restauration.	Epoque actuelle.
(Médecin.)	(Off.t de santé 1.re Cl.se.)	(Chirurgien-Major.)	(Infirmier.)	(Infirmier.)	(Infirmier.)

Chirurgiens et Infirmiers

L'idée de créer un Service de Santé militaire en France revient à Sully, principal ministre d'Henri IV qui, dès 1597, décide d'organiser une « Maison des blessés » prélude aux premiers hôpitaux militaires de campagne ou hôpitaux ambulants. Mais c'est Louis XIV qui crée véritablement le Service de Santé des armées en instituant un corps permanent d'officiers de santé des armées limité initialement à 267 médecins, chirurgiens et pharmaciens.

Sous Louis XVI, cependant, ce chiffre est déjà triplé et le corps expéditionnaire de Rochambeau en Amérique peut même disposer d'un chirurgien pour cent hommes.

Après avoir été regardés comme des mercenaires et relégués au rang de bas officiers sous Louis XIV, le prestige des officiers de santé ne va s'élever que lentement avant de pouvoir jouir de certains privilèges comme les autres officiers royaux. Les chirurgiens ne reçoivent un uniforme spécifique qu'en 1757 et les médecins en 1775. Ils auront alors le droit, hautement symbolique, de porter l'épée, mais ne reçoivent ni le salut des subordonnés, ni l'attribution de l'Ordre de Saint-Louis.

Les guerres de la Révolution et de l'Empire mettent à rude épreuve le système sanitaire des armées qui souffre d'une crise permanente d'effectifs et de moyens. L'organisation léguée par l'Ancien Régime a dû subir des modifications constantes. Ces réformes successives n'empêchent pas le personnel médical d'accomplir très consciencieusement sa tâche dans des conditions pénibles, pendant vingt-trois ans de campagnes. De très grands noms vont émerger du corps médical tels que : Larrey, Percy, Desgenettes, Yvan et Corvisart.

Le Service de Santé militaire demeure cependant le point faible de l'Administration impériale et visiblement, sa réorganisation ne semble pas être parmi les priorités de Napoléon au début de son règne.

Ce ne sera que sur l'initiative personnelle du chirurgien en chef Percy que sera créé, en 1808, un corps d'infirmiers militaires, formé de dix compagnies de 125 hommes chacune. Une compagnie d'ambulances, à 16 véhicules sanitaires, sera affectée à chaque corps d'armée.

Le corps d'infirmiers est complété, en 1813, par celui des brancardiers d'ambulance, les fameux « despotats » munis de piques démontables pouvant servir d'éléments pour un brancard. A l'aide des ceintures de toile des ambulanciers, chaque compagnie pouvait disposer ainsi très rapidement de quarante brancards.

Surgeons and Medical Orderlies

It was Sully, Prime Minister to King Henri IV of France, who in 1597 first decided to open a « Home for the Wounded » predecessor of all future military Field and Mobile Hospitals. But the true creator of the French Army Medical Corps was King Louis XIV himself. This corps initially comprised 267 physicians, surgeons and chemists.

During King Louis XVI's reign, the total strength of the Military Medical Department had been trebled, thus when General de Rochambeau was sent to Washington's aid in North America, his Expeditionary Force included a Medical Officer to every hundred men.

After having been considered as mere mercenaries and relegated amongst the non-commissioned officers, the prestige and standing of Medical Officers will long remained inferior to those of the privileged Regular Army officers. Surgeons will have to wait until 1757 before being alloted a specific uniform and doctors until 1775. Only then were they given the right to wear a sword. But they were not granted the award of military Orders such as that of Saint-Louis, nor were they entitled to be saluted by the rank and file.

The Army Medical Corps underwent severe trials during the long wars of the Revolution and the 1st Empire and suffered from a permanent shortage of manpower and means. The old organization inherited from the former Royal Army often proved its obsolescence and needed constant modifications.

These successive reforms did not prevent the Medical Staff from carrying out most conscientiously their task during twenty-three years of continuous campaigns, often under most trying conditions. Famous names came into view over the years, within the French Medical Corps, such as Surgeons-General Larrey, Percy, Desgenettes, Yvan and Corvisart who were all men of great ability.

The Army's Medical Services remained nevertheless one of the weaker aspects of the Imperial administration and their re-organization did not appear as one Napoleon's priorities at the start of his reign.

It was owing to the personal initiative of Chief-Surgeon Percy that a permanent corps of Military Medical Orderlies was raised in 1808. It consisted of ten companies of 125 men each. This creation allowed, henceforth, each Army Corps to maintain a 16 vehicle ambulance company at its disposal.

In 1813, the Corps of Medical Orderlies was re-enforced by several companies of stretcher-bearers curiously named « despotats », who were armed with dismantable pikes which could be used to form a stretcher. Since each bearer was also equipped with a wide canvas girdle, this system enabled each Medical Company to have forty foldable stretchers available at very short notice.

COSTUMES DE L'ARMÉE FRANÇAISE.
Ouvriers Militaires.

Chez Aubert Pl. de la Bourse.

Imp. d'Aubert & C.ie

1758.
(Louis XV.)
Ouvrier d'Artillerie.

1808.
(Empire.)
Ouvrier de la Marine.

1811.
(Empire.)
Ouvrier du Génie.

1823.
(Restauration.)
Ouvrier du Génie.

1845.
(Louis-Philippe 1.er)
Ouvrier d'Artillerie.   Ouvrier d'Administration.

Ouvriers Militaires

Certaines compagnies d'ouvriers militaires existent depuis le début du XVIIIe siècle. On distingue les ouvriers d'artillerie et du train d'artillerie, ceux du génie, du train des équipages de l'administration et ceux de la marine.

Les plus anciennes sont les compagnies indépendantes d'ouvriers d'artillerie. Elles sont organisées pour les travaux de confection et d'entretien dans les arsenaux, les parcs et établissements de l'artillerie et comprennent un nombre important d'ouvriers d'état hautement spécialisés, notamment dans les compagnies d'armuriers.

Il existe sous le 1er Empire, jusqu'à 19 de ces compagnies dont deux hollandaises, une italienne et une espagnole. L'effectif théorique de chaque compagnie est de 150 hommes dont : 4 officiers, 16 sous-officiers, gradés et tambours, 5 maîtres-ouvriers, 25 premier ouvriers, 50 deuxième ouvriers et 50 apprentis. Vers 1835, il existe encore douze compagnies indépendantes d'ouvriers d'artillerie implantées à : Rennes, Toulouse, Grenoble, Auxerre, La Fère, Strasbourg, Metz, Clermont-Ferrand et Alger.

La compagnie d'ouvriers militaires du génie est créée par ordre de Napoléon en 1811 pour être attachée à l'arsenal et à l'Ecole du Génie à Metz, où elle est responsable de la conservation des matériels. Son organisation est similaire à celle des ouvriers d'artillerie mais son effectif n'est que de 126. Sous Louis-Philippe, il existera également trois compagnies du train de génie, dont deux se trouvent à Metz et une en Algérie.

Sous le 1er Empire, la multiplicité des tâches incombant à l'intendance et leur complexité croissante rendent nécessaires la création de bataillons, puis de compagnies, d'ouvriers militaires d'administration responsables notamment : de la manutention des subsistances (pain, viande, légumes secs, etc…), des fourrages, de l'habillement, du service des hôpitaux, des écritures des bureaux de l'intendance. En 1840, par exemple, il existe toujours treize sections d'ouvriers d'administration répartis dans les régions militaires de France et en Algérie et neuf sections d'infirmiers militaires.

Les ouvriers militaires de la marine sont créés par le Premier Consul, en 1803, pour être employés dans les arsenaux. Ces vingt compagnies indépendantes, à l'effectif de 209 hommes chacune, sont subordonnées à l'autorité du préfet maritime et du chef du génie militaire dans le port où elles sont employées.

Military Craftsmen

A number of companies of military craftsmen were in existence since the early XVIIIth century. A distinction must be made between those of the Artillery, the Engineers, the Transport Corps, the Commissariat and the Navy.

The most senior of these independent companies were those of artillery craftsmen. These were specially organized to undertake manufacturing or maintenance tasks within the arsenals, artillery establishments, parks and depots. These companies consisted of specialized military tradesmen, armourers, fitters and workmen.

During the First Empire, up to nineteen companies of artillery craftsmen were activated including two Dutch ones, an Italian and a Spanish unit. Each company had 150 men on establishment including 4 officers, 16 non-commissioned officers and drummers, 5 master craftsmen, 25 first-class craftsmen, 50 second-class ones and 50 apprentices. Around 1835, there still existed twelve independent companies of artillery craftsmen stationed at Rennes, Toulouse, Grenoble, Auxerre, La Fère, Metz, Clermont-Ferrand and Algiers.

An Engineer company of military craftsmen was established in 1811, by order of Napoleon, for attachment to Metz arsenal, where the Imperial School for Military Engineering had been set up. This company, responsible for maintenance and stores had a similar organization to those of artillery craftsmen but its authorized strength was only of 126 men.

In the reign of King Louis-Philippe there also existed three companies of craftsmen who were in charge of the transport of engineer stores and heavy equipment. Two of these engineer-trains were held at Metz end the third one stationed in Algeria.

During the First Empire the multiplicity and great complexity of tasks with which the Quartermaster Department or Commissariat was faced became so excessive that it became a necessity to establish companies and even entire battalions of administrative personnel, mainly storemen and clerks, specialized in the efficient handling of rations, provisions and various supplies : meat, bread, dried vegetables, forage, clothing tents, medical stores, etc… and also qualified in the keeping of the accounts, at all levels, of the Quartermaster Department. Around 1840, there wers still thirteen sections of administrative clerks and storemen allotted to the different military commands and districts both in France and in Algeria, and nine sections of medical orderlies.

The units of naval craftsmen were established by Bonaparte, when first consul, in 1803 and were employed ashore in the naval yards and arsenals.

Twenty independent companies of this type were raised, each with an autorized strength of 209 men. They were directly subordinated both to the "Maritime Prefect" of each Naval District and to the Chief Military Engineer of the port to which they were attached.

COSTUMES DE L'ARMÉE FRANÇAISE.

Officiers de Marine.

1678.	1758.	1793.	1810.	1819.	1845.
(Louis XIV.)	(Louis XV.)	(République.)	(Empire.)	(Restauration.)	(Louis-Philippe¹ᵉʳ)
Officier de Marine.	Gentilhomme garde du pavillon amiral.	Officier de Marine.	Capitaine de Vaisseau.	Officier de Marine.	Capitaine de Vaisseau.

Chez Aubert & Cⁱᵉ Pl. de la Bourse.

Imp. d'Aubert & Cⁱᵉ

Officiers de Marine

C'est à Richelieu que revient le mérite d'avoir été le premier à ébaucher les lignes essentielles d'une organisation de la Marine. Il fait sortir de sa langueur la France maritime en lui donnant les moyens de s'opposer efficacement aux anglais, espagnols et hollandais qui jusque là dominent les mers. La flotte de combat française joue un rôle brillant notamment contre l'Espagne, mais en raison de difficultés financières survit à peine à Richelieu.

Ce sera sous Louis XIV, sous l'impulsion de Colbert, que la marine française devient la première du monde, entre 1675 et 1690. Il crée un corps permanent d'officiers et ceux-ci sont dotés d'un statut et d'une hiérarchie stable. Leur recrutement s'effectue au sein des compagnies des "Gardes de la Marine" où de jeunes gentilshommes reçoivent pendant trois ans une formation générale. Aussi, les victoires navales des amiraux Duquesne et de Tourville, ainsi que celles des anciens corsaires Duguay-Trouin et Jean Bart, permettent-elles à la marine française de conserver son rang jusqu'au début du XVIIIe siècle. Malheureusement, entre 1715 et 1760, elle est délaissée en raison des choix politiques et financiers.

La réorganisation de la marine, grâce à de bons ministres tels que Choiseul, Sartine et Castries, commencée en 1763, permet aux amiraux d'Orvilliers, d'Estaing, Lamotte-Piquet, Suffren et de Grasse de tenir tête glorieusement à la marine britannique pendant la guerre de l'Indépendance américaine (1778-1783).

Avec la Révolution de 1789, l'effondrement de l'ancienne marine royale est brutal. Le nouveau code de discipline excessivement libéral va paralyser les cadres, aussi la moitié des officiers va-t-elle émigrer. Leur remplacement sera difficile, le patriotisme ne remplacera pas l'expérience et la marine révolutionnaire restera bien au-dessous des puissantes escadres de Nelson et de Collingwood.

Après le désastre d'Aboukir la flotte est dans un triste état. Pourtant, dès le début du Consulat, Bonaparte s'attache à réorganiser la marine mais l'échec de Trafalgar va laisser la suprématie des mers aux britanniques pendant toute la durée du 1er Empire.

En dépit du rôle positif joué par l'amiral Decrès, ministre de la marine, et des belles campagnes maritimes de Duperré, Ganteaume, Willaumez et Surcouf dans l'Océan Indien, en Méditerranée et dans l'Atlantique, la quasi immobilité des flottes impériales dans les ports de guerre va conduire Napoléon, par la force des choses, à organiser militairement les marins et à les employer à terre. L'artillerie de marine et les marins de la Garde notamment, vont se couvrir de gloire dans toutes les campagnes à partir de 1808.

Sous la Restauration et la Monarchie de juillet la marine connaît une période d'effacement mais pas d'abandon. Les interventions armées à dominante maritime, brèves et efficaces, sont menées en Espagne en 1823, en Grèce en 1827, avec la belle victoire de l'amiral de Rigny à Navarin. Enfin, la plus grande opération amphibie de cette époque sera le débarquement en Algérie en 1830 menée à bien par l'amiral Duperré.

Naval Officers

The great merit of having been the first politician to outline clearly the essential organizational needs of the French Navy must be credited to Cardinal de Richelieu, Prime Minister to King Louis XIII. He alone managed to shake the Navy from its former listlessness to endow it with all the necessary means to enable it to face with effectiveness the British, Spanish and Dutch fleets which until then ruled the seas. Although the French Fleet was to play a brilliant role against the Spaniards, French naval power declined owing to financial difficulties and did not survive beyond the ministry of Richelieu.

It was during the reign of Louis XIV however, under the impulsion of Colbert, that King's minister, that the French Navy once more became foremost, between 1675 and 1690. Colbert had been the first to establish a permanent corps of naval officers in possession of a stable statute and hierarchy. These officers were to be recruited from amongst a solid organization called "Naval Guards" where young gentlemen received, over a three-years course, a very thorough general education. And so, following the naval victories gained by Admirals Duquesne and Tourville and also those of the former privateers Duguay-Trouin and Jean Bart, the French Navy was able to maintain, for a while, its high position on the oceans until the beginning of the XVIIIth century. Unfortunately, on account of negative political choices and financial difficulties the Navy was greatly forsaken between 1715 and 1760.

The reorganisation of the Navy, thanks to some first-rate ministers such as Choiseul, Sartine and Castries commenced in 1763, and allowed a few years later, Admirals d'Orvilliers, d'Estaing, Lamotte-Piquet, Suffren and de Grasse to face proudly and with effect the British Navy during the American War of Independence (1778-1783).

When the great Revolution began in 1789, the breaking down of the former French Royal Navy came on most brutally. The introduction of a new code of naval discipline, which was so liberally free from almost all restraint, was enough to paralyse and demoralise the officers – more than half of which soon resigned and emigrated. Their replacement became, at once, a most difficult problem, since sheer patriotism was not enough to give nautical experience and technical knowledge to potential replacements. Thus, the French Republican Navy remained greatly inferior to Nelson's and Collingwood's powerful squadrons.

After the major disaster off Aboukir – known in Britain as the battle of the Nile – the French Fleet was in a very sad state. Nevertheless, since the beginning of the Consulate, General Bonaparte endeavoured to reorganize the Navy, but further defeat at Trafalgar was to leave, to Britain, naval supremacy on most seas during the whole duration of the First Empire.

The greater part of the Imperial Naval Squadrons remained anchored within the main French bases. This inaction led Napoleon to "militarize" his naval crews and to employ them for land operations – and so Naval Artillery regiments and the Marines of the Imperial Guard were able to win renown for themselves in all the Emperor's campaigns from 1808 onwards.

Under the Restoration (1815-1830) and during the reign of Louis-Philippe (1830-1848) the French Navy, although it went through a somewhat unobtrusive period, was not forsaken by its Monarchs. Several brief and efficient naval or combined operations were successfully carried out both during the war against Spain in 1823 and also during the Greek War of Independence in 1827. During the latter action, Admiralde Rigny's squadron distinguished itself, in conjunction with the British Navy, in defeating the Turkish and Egyptian fleets at the Battle of Navarino.

Lastly, the greatest amphibious operation of the period was brilliantly carried out by Admiral Duperré, near Algiers, when the French Expeditionary Corps landed there in 1830.

Marine.

1680-1760.   1785-1798.   1806-1815.   1804-1820.   1828-1841   1841

(Louis XIV-Louis XV)   (Louis XVI-République)   (Empire)   (Empire-Restauration)   (Restauration-Epoque ac.te)(Epoque ac.te)
(Matelot)   (Matelot)   (Marin de la Garde)   (Matelot)

Marine

Sous l'Ancien Régime, en raison de la pénurie de volontaires et devant les difficultés constantes de recrutements, les marines de guerre doivent souvent recourir à des systèmes d'enrôlement plus ou moins forcés : c'est le cas en ce qui concerne la marine britannique. La France avait institué le système « des classes »... Conscription avant l'heure, puisant ses marins dans les populations maritimes. Puis, quelques années avant la Révolution, des efforts considérables sont entrepris pour combler partiellement les déficits des équipages de la flotte : recours aux « mariniers de rivière », aux milices gardecôtes, et augmentation des soldats embarqués.

Parmi les hommes embarqués sur un bâtiment de la marine royale, nationale ou impériale formant un équipage destiné à accomplir une même mission, on peut distinguer plusieurs catégories de personnels :

- ceux recrutés parmi les professionnels du métier maritime. Ils fourniront les gabiers, responsables de la manœuvre des voiles, de la navigation et du gréement. Ils sont l'élite de l'équipage ;

- les matelots « ordinaires » originaires de la petite navigation côtière de la pêche et des milices garde-côtes, ils sont chargés principalement des manœuvres de pont, des embarcations et de l'entretien général du bâtiment ;

- les soldats du Corps de la Marine qui assurent les fonctions de mousqueterie, les débarquements et la police du bord ; ils participent aussi aux manœuvres de pont ;

- en outre, les uns et les autres concourent, avec les Canonniers qualifiés, au service des canons, car un vaisseau de guerre est, avant tout, une grande batterie d'artillerie flottante.

Si les soldats du bord sont astreints au port d'un uniforme réglementé, les marins proprement dits ont, jusqu'au Premier Empire, l'habillement de leur état, celui traditionnel du métier des hommes de la mer et, en fonction de leur bourse, avec toutes les diversités que cela suppose.

Quoiqu'il en soit, vers la fin du XVIIIe siècle une relative uniformité commence à apparaître dans laquelle prédominent :
- le chapeau rond (se démarquant du tricorne du soldat)
- le paletot bleu à la mode anglaise (s'opposant à l'habit long).
- la « culotte longue » soit le pantalon.

Le 1er Empire va développer le concept d'habillement uniforme mais il faudra attendre le milieu du XIXe siècle pour obtenir une uniformité — théorique — des équipages.

Navy

During the « Ancien Régime », that is before the Revolution of 1789, owing to the lack of volunteers, and faced with permanent recruiting difficulties several navies were often in the obligation of using press-gang methods. This was more particularly the case with the British Royal Navy. In France, there had been instituted a system which consisted in sommoning certain « classes » of seafaring men and « coastal » citizens to serve in the fleet. This was in fact, a form of conscription, before this practice was officially legalised by the First Republic.

A few years before the great political upheaval of the Revolution however, considerable efforts were undertaken to fill up the gaps when mustering the crews of the fleet : a particular appeal to volunteer for service was adressed to the watermen, bargemen and coast-guard militiamen. The number of soldiers embarked for service aboard was also considerably increased.

Amongst those men embarked on a ship of the French Royal, National or Imperial Navy with a view to forming a crew commissioned to accomplish a common task, one could classify several different categories of seamen :

those who were found among the professional seafarers. Which was the category that provided the topmen, or able-bodied seamen, who were in charge of the handling of sails, seamanship and rigging. They were the select part of the crew ;

the ordinary seamem : hailing mostly from coastal navigation, fishing fleet crews, or former bargemem and coast-guards– who became responsible, on board of warships, for all deck manœuvres, handling of the ship's boats and general maintenance.

The sea-soldiers, or marines, who were responsible aboard of police duties, discipline, security, musketry and maintenance of firearms and also for finding and directing all landing parties ; in addition, all the above mentioned categories of crewmen were in charge of the handling, firing and maintenace of the ship's guns – bearing in mind that a warship was above all a huge, floating battery of artillery.

Whereas soldiers on board warships were compelled to wear regulation uniform dress, ordinary crewmen, until the days of the First Empire, were left free to don the usual traditional garb of seafaring men of the period. The details of which were left to each man's fancy and financial means. Needless to say that the greatest disparity in dress resulted from this unconstraint.

Nevertheless, towards the close of the XVIIIth century, a certain uniformity of dress began to appear in the French Navy :

all hands had given up the wearing of three cornered hats in favour of a round hat (not unsimilar to a low top-hat)

likewise, the tailed coat or coatee was replaced by a short dark blue jacket of British style.

Wide canvas trousers replaced tight breeches

Despite all the efforts made during the First Empire towards obtaining a strict uniformity of naval crewmen's dress it was not before the middle of the XIXth century that this precept really came into force.

COSTUMES DE L'ARMÉE FRANÇAISE.

Troupes de Marine.

1758.	1778.	1796.	1810.	1816.	1845.
(Louis XV.)	(Louis XVI.)	(République)	(Empire.)	(Restauration.)	(Louis-Philippe Ier.)
Compagnies franches de la Marine	Canonnier garde-Côtes.	Artillerie de Marine.	Garde-Côtes		Artillerie de Marine.
				Bombardier.	

Imp. d'Aubert & Cie

1845. Ch. Vernier

Chez Aubert & Cie Pl. de la Bourse 29.

Troupes de Marine

Jusqu'en 1763, la défense des colonies est assurée par les compagnies franches de la marine, par les troupes de la Compagnie des Indes et par le régiment suisse de Karrer. Ces troupes sont supprimées après la guerre de Sept Ans et remplacées par des régiments de la métropole séjournant à tour de rôle dans les colonies. En 1772, cependant, sont formés sept nouveaux régiments de marine dénommés Le Cap, Port-au-Prince Martinique, Guadeloupe, Isle de France, Bourbon et Pondichéry. Mais la Convention, vingt ans plus tard, arrête l'ère des conquêtes lointaines et supprime les régiments coloniaux d'infanterie. L'artillerie de marine, dont l'origine remonte à 1692, n'est heureusement pas affectée par ces mesures. Ainsi deux régiments d'artillerie de marine existent pendant les guerres de la Révolution. Ils assurent le service de canonniers à bord des vaisseaux ainsi que la défense des ports et des arsenaux.

Sous le Consulat, Bonaparte dispose de douze bataillons d'artilleurs de marine qui vont former les quatre régiments du Corps Impérial rattachés respectivement, aux ports de guerre de Brest, Toulon, Cherbourg et Anvers. Aux heures sombres de 1813, Napoléon va renforcer son armée en Saxe avec ces canonniers de marine expérimentés.

Le Corps Royal d'Artillerie de Marine sera considérablement réduit à la Restauration en 1815.

Il faut attendre le règne de Louis-Philippe pour voir la création définitive des troupes de marine, ancêtres directs des régiments de cette arme existant encore de nos jours.

Les garde-côtes représentés ici, à tort, n'ont aucun rapport direct avec les troupes de Marine. Il s'agit de milices locales créées en 1759 destinées au service des batteries et à la surveillance des côtes et des îles du littoral. Les hommes qui en font partie ne sont réunis que temporairement. Sous la Première République et l'Empire, ils forment une force d'environ 10.000 hommes, articulée en cent à cent quarante compagnies, rattachées à la Garde nationale et encadrées par des vétérans-instructeurs. Ils se reconnaissent à leur uniforme bleu et « vert de mer ».

Marine and Colonial Troops

Until 1763, the defence of the French colonies was the joint responsibility of the Marine Infantry units, the East Indian Company troops and the Swiss Infantry regiment of Karrer enroled in the service of France. All these troops were done away with after the defeats of the Seven Years War and replaced by French « Metropolitan » Regular Army regiments which took their turn in overseas service. In 1772 however, seven new « Colonial » Infantry regiments were raised under the aegis of the Naval Department. They were called : the Cape, Port-au-Prince, Martinique, Guadeloupe, Isle de France (Mauritius), Bourbon (Réunion), and Pondichéry.

Twenty years later however, the Revolutionary Convention Government put a stop to the era of colonial conquests and promptly disbanded all the former Colonial Infantry regiments. Happily, their decisions did not affect the Marine or Colonial Artillery regiments which had existed since 1692. Thus, two Marine Artillery regiments still existed during the Revolutionary Wars. They not only provided master-gunners aboard all French warships, but also took charge of the defence of ports and naval arsenals.

Under the Consulate period, General Bonaparte disposed of twelve Marine Artillery battalions which were later amalgamated in order to form the four Marine Artillery regiments of the Imperial Navy. Each of which was attached to one of the four main naval bases : Brest, Toulon, Cherbourg and Antwerp. During the darker days of the 1813 campaign, Napoleon fortunately reinforced his field army in Saxony with these expert Marine Artillerymen.

The Royal Corps of Marine Artillery was considerably reduced during the Restoration period (1815 – 1830).

It was not until the reign of King Louis-Philippe (1830 – 1848) that the definite creation of French Marine or Colonial troops, consisting of both infantry and artillery regiments, took place. These regiments were to be the direct ancestors of certain of those few units which are still in existence at present.

The Coast-Guards' artillery, which are wrongly depicted on the adjoining print, had no direct connection whatsoever with Marine or Colonial troops. Coast-Guards belonged to local Militia units which had been raised in 1759 to ensure the manning of coastal defence batteries and to keep up an efficient watch over France's coastlines both on the mainland and in the off-shore islands. The men composing these forces were only mustered, when deemed necessary, during critical periods. In the course of the years of the First Republic and the Empire they represented a force of some 10 000 men split up into 140 companies attached to the local National Guard units. They were instructed by former Regular Army and naval veterans. They were easily recognisable by their blue and « sea-green » uniforms.

COSTUMES DE L'ARMÉE FRANÇAISE.
Vétérans.

1796.	1810.	1824.	1845.	1845.	1845.
(République)	(Empire.)	(Restauration.)	(L. Philippe Iᵉʳ)	(L. Philippe Iᵉʳ)	(L. Philippe Iᵉʳ)
Vétérans nationaux	Vétéran de la garde	Cᵉˢ Sedentaires de la garde	S. Officier vétéran.	Cavalier vétéran.	Canonier vétéran

Vétérans

Le vétéran est un vieux soldat, retiré des armes après avoir obtenu son congé. Mais le terme est très général, et désigne parfois simplement les corps formés de soldats aguerris par l'âge et la durée de leurs services, ou tout simplement des soldats âgés à condition qu'ils aient fait une ou plusieurs campagnes.

L'arme des vétérans date de la Révolution, mais depuis l'ordonnance de 1771, il y avait dans les corps des militaires isolés portant le nom de vétérans et décorés d'un « médaillon de vétérance ». La loi du 16 mai 1792 crée un corps de cinq mille vétérans nationaux destinés à remplacer les compagnies d'invalides détachés. Nul n'y peut être admis avant d'avoir servi vingt-quatre ans dans un corps de troupe. On divise ce corps en cent compagnies de cinquante hommes chacune, dont douze de canonniers et quatre-vingt huit de soldats de toutes armes. Les militaires composant ces compagnies sont considérés comme en activité de service.

En 1794, leur effectif monte à cinq mille hommes et en 1799, on compte quatorze mille vétérans articulés en deux cent quatre-vingt-sept compagnies de fusiliers et treize de canonniers.

En 1808, on compte un effectif de quatorze mille vétérans impériaux.

La principale destination des vétérans d'infanterie est d'empêcher la dégradation des fortifications et de surveiller le service des ponts-levis et des places. Les vingt-cinq compagnies de canonniers ont la garde des batteries des côtes et sont responsables de l'instruction des garde-côtes. Les deux premiers bataillons de vétérans restent toujours en garnison à Paris.

Les anciennes compagnies de vétérans, réorganisées dès 1814, sont devenues en 1818 des compagnies de *canonniers et fusiliers sédentaires*. Ces compagnies sont réduites à partir de 1848 et finalement supprimées par la loi de 1875.

Vidé de son contenu traditionnel, le mot — vétéran — reçoit maintenant des acceptations civiles dans lesquelles ne subsiste plus que la notion d'ancienneté. Seules, les armées anglo-saxonnes ont conservé le mot avec un sens précis. Dans l'armée des Etats-Unis, le vétéran est un ancien combattant, quelle que soit la durée de ses services, et qu'il soit mutilé ou non.

Veterans

The word veteran usually applied to old, retired and pensioned-off soldiers. But it was also used to designate a body of experienced, seasoned, hardened and well-trained campaigners who had already served for many years.

In the French Army a permanent corps of military veterans was formed at the time of the revolutionary wars but during the former regime, following a Royal decree of 1771, there already existed in every regiment a number of men who had been decorated for long meritorious service with a "Medallion of Veterancy". Then, a governmental Act of 16 May 1792 provided for the formation of a corps of five thousand "National Veterans" with a view to replacing the companies of invalids hitherto detached on guard duties throughout the country. None could be admitted in these new veteran companies if he had not already served the colours for twenty-four years. The veterans were to be organized into one hundred companies each fifty men strong. Twelve of these were formed with gunners and the eighty-eight remaining ones were to be all-arms units. The soldiers composing them were considered to be on active service.

From 5.000 men in 1792, the total strength of the National Veterans was increased, by 1799, to 14.000, divided into 287 infantry companies and 13 of artillery.

In 1808, there existed an even greater number of Imperial Veterans.

The main functions of the infantry veterans were those of ensuring, in the best conditions, the maintenance of the country's fortifications and that of guarding certain bridges. The twenty-five companies of veteran gunners were responsible for the care of coastal batteries and also for the training of coast-guards in their duties. The two senior battalions of veterans always remained stationed in Paris.

Following further reorganization in 1814 and 1818, the old veteran companies came to be called "Sedentary Gunner or Fusilier Companies". These were considerably reduced in numbers in 1848 and finally entirely done away with, following a Bill of 1875.

Incidentally, it would appear that, over the years, the initial meaning of the word veteran has been somewhat modified and has at present received a near civilian connotation. Only remains the notion of seniority. It seems that it is in the United States only that the original terminology of the word is still correctly applied. Since, there, a veteran remains above all a former soldier who has seen action – irrespectively as to the duration of his service or of possible wounds received in combat.

COSTUMES DE L'ARMÉE FRANÇAISE.

Invalides.

Chez Aubert Pl de la Bourse

Imp. d'Aubert & Cie

| 1700. | 1730. | 1757. | 1789. | 1812. | 1843. |
| (Louis XIV.) | (Louis XV.) | (Louis XV.) | (Louis XVI.) | (Empire.) | (Louis-Philippe 1er.) |

Invalides

L'armée de Louis XIV ayant considérablement accru ses effectifs, les solutions adoptées jusqu'alors pour héberger et soigner les officiers et les soldats estropiés, blessés ou malades du fait du service ne convenaient plus. Ce problème n'avait jamais été réglé de façon satisfaisante. Il devenait plus ardu lorsque le nombre des invalides s'accroissait à proportion de celui des combattants, lorsque les monastères n'étaient plus à même d'accueillir une aussi grande quantité de moines-laies, tandis que les militaires invalides étaient de moins en moins tentés d'aller prendre leur retraite dans un couvent.

Le 24 février 1670, Louis XIV décide que les officiers et les soldats blessés et estropiés seront entretenus « dans un hôtel que sa Majesté a résolu de faire incessamment construire à Paris pour cette fin ». La première pierre est posée le 30 novembre 1671 et les travaux sont rapidement menés sous la direction de l'architecte Libéral Bruand, si bien que les premiers invalides sont installés dès 1674 dans l'édifice non terminé, mais apte à les recevoir.

Louis XIV a toujours considéré cette réalisation comme la grande idée de son règne. Elle constituait sans aucun doute une innovation. Elle était une synthèse, puisqu'il s'agit à la fois d'une caserne, la première du genre, d'un hôpital très moderne pour l'époque et d'une sorte de monastère laïc et militaire dans lequel la prière, les exercices des armes et les travaux manuels sont réglementés avec précision.

Les invalides encore capables de se déplacer et de tenir une arme, fussent-ils manchots ou unijambistes, étaient constitués en compagnies, tant à Paris même que détachées. Ces compagnies étaient chargées d'assurer la garde d'édifices publics, d'arsenaux, de citadelles, etc. Les vieux soldats avaient ainsi le sentiment d'être encore en partie bons pour le service, ce que leur évitait la plus triste épreuve du vieillard, qui est de se sentir inutile.

Les effectifs de soldats-invalides vont considérablement augmenter à l'occasion des guerres de la Révolution et de l'Empire avant de diminuer vers le milieu du XIXe siècle.

Unique au monde lors de sa création, l'hôtel royal des Invalides de Paris servira de modèle dans plusieurs pays d'Europe où seront édifiés, au XVIIIe siècle, des établissements analogues ayant une semblable organisation.

Invalids

Louis XIVth's army having considerably increased its manpower, the solutions which had so far been adopted in France concerning the lodging and care of its disabled officers and soldiers were no longer satisfactory. In fact, this problem had never been solved in a suitable manner and became increasingly arduous as the number of military invalids continuously grew in proportion with the strength of the armies on active service. Furthermore, not only were the numerous monastries already overcrowded with lay-monks and could no longer intake numbers of disabled soldiers as before, nor were the latter much inclined to spend their years of retirement in a convent.

On the 24th February 1670, King Louis XIV decided that the henceforth wounded and crippled officers and soldiers were to be kept and supported in a public building "which His Majesty is resolved to have built forthwith in Paris". Its foundation stone was laid on 30th November 1671 and the erection of the building was immediately undertaken under the direction of the architect Libéral Bruand. So rapidly was the work carried out that, although not yet completed, the first invalid pensioners were able to settle down by 1674 in this imposing building.

Louis XIV always considered that carrying into effect the building of "Les Invalides" was one of the important achievements of his long reign. It had been, without doubt, an innovation. It was also a form of synthesis since this new institution was simultaneously a barracks, the first of its kind ; a hospital – a modern one when compared to the standards of that period – and also a kind of non-clerical but military monastry. Within its walls, the daily time-table of its inmates included successive periods of prayer, weapon training and of manual labour, all regulated with exactness.

Those invalids who remained capable of moving themselves about and hold a weapon of sorts – even if they were one-armed or one-legged – were formed into companies both in Paris or detached elsewhere. These companies were given the task of guarding public buildings, arsenals, citadels, etc… Thus, the old soldiers had the impression of still being capable of doing their duty and preserved them from suffering from that affliction of the aged – that of feeling useless.

The numbers of disabled soldiers will greatly increase over the years during the wars of the Revolution and the First Empire, before diminishing towards the middle of the XIXth century.

Unique in the world when it was created, the Royal Institute of Les Invalides in Paris served as a model to several European countries in which similar establishments, with resembling organisations, were to be created during the XVIIIth century.

COSTUMES DE L'ARMÉE FRANÇAISE.
Corps spéciaux de la Ville de Paris. (Infanterie)

1770-1785.	1806-1813	1816-1850.	1830-1841.	1811-1841	1811-1841
(Louis XV et Louis XVI)	(Empire)	(Restauration)	(Epoque Actuelle.)	Sapeurs Pompiers	Sapeurs-Pompiers
(Garde de la Ville)	(Grenadier du Regt de Paris)	(Gendarmerie a Pied)	(Garde municipale.)	(Tenue d'Incendie)	(Grande Tenue)

Chez Aubert Place de la Bourse.

Imp. d'Aubert & Cie.

Corps Spéciaux de la ville de Paris (Infanterie)

Depuis le Moyen-Age, les villes avaient souvent tiré de leurs milices des corps privilégiés d'appellations diverses que l'on peut rassembler sous le nom de gardes bourgeoises assumant le rôle de police. A Paris, elles sont sous contrôle royal.

Sous Louis XV, c'est la garde de la ville de Paris qui regroupe sous les ordres du chevalier du Guet les quatre anciennes compagnies franches aux titres désuets : d'archers, d'arbalétriers, d'arquebusiers et de guet à pied. Cette Garde de Paris, qui compte un millier d'hommes à pied en 1783 va demeurer immuable jusqu'à la Révolution. Elle est alors remplacée par des bataillons de Gardes nationales soldés, formés dans chaque district, totalisant 10.000 hommes.

Bonaparte, Premier Consul, met la Garde nationale en sommeil et crée deux régiments d'une Garde municipale de Paris et leur donne l'habit blanc pour réaccoutumer les Parisiens à l'ancienne couleur de l'infanterie française. A partir de 1805, chacun des deux corps fournit un bataillon à l'armée en campagne. Ces derniers s'illustrent à Friedland, à Dantzig et en Espagne mais sont dissous en 1812 par ordre de l'Empereur qui les croyait impliqués dans la conspiration de Malet. La Gendarmerie de Paris devient la véritable garde de la capitale, sauf sous la Monarchie de Juillet qui rétablit une nouvelle Garde municipale.

Après une courte existence pendant la Deuxième République, la Garde Républicaine de Paris sera définitivement recréée en 1870 et sera désormais responsable du service d'ordre dans la ville.

Créé en 1716 et militarisé depuis le Premier Empire, le régiment des pompiers de Paris prend l'appellation de sapeurs-pompiers alors que ce vénérable et héroïque corps, rattaché à l'arme du Génie, n'a rien de commun avec le service de la sape de la guerre des sièges et des tranchées.

Special Forces of the City of Paris (Infantry)

Ever since the Middle-Ages it had become customary in certain towns to select, from amongst its militiamen, bodies of citizen-guards which, under a variety of titles, assumed local police duties. In Paris, these forces were placed under royal control.

During the reign of King Louis XV, the Parisian Guards were regrouped under the overall command of the « Knight of the Watch ». They included the four ancient companies of Burgher Freemen which, even in those days, still bore the odd, antiquated titles of : Archers, Crossbowmen, Harquebussmen, and Constables of the Watch.

The city of Paris Guard, which in 1783 included a thousand foot soldiers, will remain immutable until the breaking out of the Revolution six years later. It was then replaced by fully paid National Guardsmen, a battalion of which was raised in each of the city's districts and totalling 10 000 men.

When proclaimed First Consul, Napoleon Bonaparte replaced the city's National Guard battalions by two « Municipal Guard of Paris » regiments and had them dressed in new white uniforms with a view to re-accustom the Parisians with the old traditional colour worn by the Infantry of France. From 1805 onwards each of the Paris Guards Regiments was compelled to send away one of its battalions to join the armies in the field. The Parisian Guards battalions won fame for themselves at the battle of Friedland in 1807, during the siege of Dantzig and in the Peninsular War. They were disbanded however, in 1812, shortly after Napoleon's return from Russia. It appeared that the Emperor had wrongly suspected them of having been involved with Colonel Malet's conspiration aimed at overthrowing him during his absence.

From then on, the Parisian Legion of Gendarmerie became the true guard of the capital of France, except during the reign of King Louis-Philippe (1830 – 1848) when the latter again re-established the Municipal Guards. The Paris Fire-Brigade was created in 1716 and became a fully militarised unit attached to the Corps of Engineers ever since the First Empire. Although its official title was « Regiment de Sapeurs-Pompiers de Paris » it had nothing in common with the Sappers of the Engineers who were specialised in siege and trench warfare operations.

COSTUMES DE L'ARMÉE FRANÇAISE.

Corps spéciaux de la Ville de Paris. (Cavalerie)

1700.	1750.	1785.	1806.	1816-1830.	1841.
(Louis XIV.)	(Louis XV.)	(Louis XVI.)	(Empire)	(Restauration)	(Costume actuel)
(Cavalier du Guet)	(Cavalier du Guet)	(Garde de la Prevoté)	(Dragons de Paris)	(Gendarmerie Royale)	(Garde municipale)

Chez Aubert Place de la Bourse.

Imp. d'Aubert & Cⁱᵉ

Corps Speciaux de la ville de Paris (Cavalerie)

A partir de 1690, les « archers du guet » de l'Hôtel de Ville de Paris font l'objet de la sollicitude royale. Leurs effectifs sont portés à environ 300 gardes à cheval articulés en trois compagnies. Leur habit bleu de roi, agrémenté de rouge, reste pratiquement inchangé jusqu'à leur disparition sous la Révolution.

C'est Philippe III, le Hardi, qui confie en 1271 la fonction de police et de justice à l'intérieur du Palais à la compagnie des « Gardes de la Prévôté de l'Hôtel ». Cette formation va exister sans interruption, au Louvre et à Versailles, jusqu'en 1791, date à laquelle elle devient Garde de l'Assemblée générale. Elle est la seule unité de l'ancienne Maison du Roi à avoir survécu à la tourmente révolutionnaire. En effet, elle a été récompensée de son attitude « républicaine » lors de la réunion tumultueuse des Etats-Généraux dans la salle du Jeu de Paume à Versailles le 20 juin 1789. Aussi, cette compagnie va-t-elle devenir l'ancêtre direct du noyau de la future Garde impériale de Napoléon.

A sa création par un Arrêté des Consuls de 1802, la nouvelle Garde municipale de Paris, outre ses régiments d'infanterie, va compter deux escadrons de dragons, chacun à 90 sabres. Alors que les Gardes à pied sont appelés à combattre hors de France, les Gardes à cheval vont assurer le service d'ordre dans la capitale jusqu'à leur dissolution en 1812. Les personnels seront versés au 2e°chevau-légers de la Garde.

Après la deuxième abdication de Napoléon, la Garde municipale de la capitale devint Garde Royale de Paris, laquelle comprend 500 cavaliers portant l'uniforme de la Gendarmerie à aiguillettes blanches.

Après la Révolution de 1830, ce corps redevient Garde municipale de Paris. Bien qu'il reste rattaché à la Gendarmerie nationale, il reprend à nouveau l'uniforme des dragons. Cette fois, les revers de l'habit sont blancs, comme l'étaient ceux des Dragons de l'Impératrice.

Special Forces of the City of Paris (Cavalry)

Since 1690 the City of Paris' own force of « Archers of the watch » benefited of special favours on behalf of the king. Their strength was increased to three companies of a hundred guardsmen each. Their royal blue uniform coats, faced with scarlet, remained practically unchanged until the corps' disbandment during the Revolution.

It was King Philip III, the « Bold », who in 1271 entrusted the company of « Provost-Guards of the Mansion » with the duties of police and justice within the royal palaces. This military body will remain in existence, without interruption, both at the Louvre and at Versaillles, until 1791 when it became the Parliamentary Guard at the « General Assembly ». It was therefore the only unit of the former king's Household Troops to have survived, following the great revulutionary turmoil. This was, it fact, in reward of its perfectly « republican » attitude shown during the tumultuous meeting of the « States-General »held, shortly before the breaking out of Revolutuion, in the indoor tennis court at Versailles on 20 june 1789. And so, this company, by chance, had the privilege of becoming the direct ancestor and also the nucleus of Napoleon's future Imperial Guard.

When created by a Consular decree of 1802, the new Parisian Municipal Guard included – besides its infantry regiments – two mounted squadrons of dragoons, each 100 men strong. Whilst the infantry of the Parisian Guards were usually called upon to fight outside France within the field armies, the mounted squadrons remained in the capital where they were responsible for law and order and also assumed military police duties, until their disbandment in 1812. Their officers and men were then drafted into the 2nd Light Horse Regiment of the Imperial Guard.

Following Napoleon's second abdication after Waterloo, the Parisian Municipal Guard became the city's Royal Guard. It then included some 500 cavalrymen wearing the uniform of the Gendarmerie, with white aiguillettes.

After the brief 1830 Revolution, the former Parisian Guard again became the city's Municipal Guard. Although still attached to the Gendarmerie, they oddly, once again adopted dragoon uniforms. This time, however, their coatees'lapels were white, identical to those of the former Empress' Dragoons of Napoleon's days.

COSTUMES DE L'ARMÉE FRANÇAISE.

Garde Nationale - Infanterie.

Chez Aubert, Pl. de la Bourse, 29

Imp d'Aubert & Cie

1789 - 95.		1813 - 15.	1816 - 27.	1830 - 43.	1830 - 43.
Louis XVI et Répub.que		Empire	Restauration	Epoque actuelle.	Epoque actuelle
(Grenadier)	(Chasseur.)	(Grenadier.)	(Grenadier.)	(Caporal de Chasseur)	(Grenadier.)

Garde Nationale (Infanterie)

L a Garde nationale de France plonge ses racines dans les tréfonds féodaux de l'Ancien Régime. L'affranchissement des communes pendant le règne de Louis VI, dit le Gros, entre 1108 et 1137, a donné naissance aux compagnies de paroisse et aux milices communales. La lutte de la féodalité agonisante de la civilisation renaissante va porter ses fruits. La menace de l'attaque éveille au sein des cités le besoin de défense. Un « ban » d'une forme nouvelle prend les armes ; soldats contre les seigneurs des fiefs voisins ou contre les brigands du dehors, les habitants de communes deviennent en même temps les sentinelles opposées aux perturbateurs internes. Telle est la véritable Garde nationale du Moyen Âge, qui s'appelle encore sous les règnes suivants la milice bourgeoise.

C'est en 1688 que Louvois décide de renforcer l'armée royale par des milices provinciales. Cette nouveauté n'est, en fait, que la résurrection d'une très vieille institution jamais vraiment morte. En effet, il existe toujours à cette époque, bien que décadentes, des milices bourgeoises qui autrefois gardaient les villes murées. Aussi certaines provinces frontières continuent-elles à entretenir des troupes spéciales levées parmi les habitants qui participent, le cas échéant, à la défense du territoire et rentrent chez elles une fois le danger passé.

En 1726, Louis XV décide de lever, par tirage au sort 60.000 hommes de milice articulés en 100 bataillons. En 1771, ces milices prennent le nom de troupes provinciales, mais en raison de la paix qui règne en Europe la plupart des régiments provinciaux sont mis en sommeil en 1783 et les hommes renvoyés dans leurs foyers. Enfin, la convocation pendant huit jours d'une vingtaine de régiments provinciaux aura lieu en 1784. Ce sera la dernière fois avant le début des troubles de la Révolution.

National Guard (Infantry)

T he French National Guard traces its roots back to the feudal system of the Middle Ages. The emancipation of the parishes during the reign of Louis VI, between 1108 and 1137, gave rise to setting up of local Militia forces in the smallest townships. The strife between dying feudalism and reviving civilisation was beginning to bear fruit. The peril of onslaught led to the growth of a spirit of self-defence amongst the citizens. A new type of local « Watch » began to take up arms as a protection not only against overbearing barons and bands of marauding plunderers, but townsmen and villagers also set themselves up against internal disturbers of the peace.

Thus, the National Guard can trace its origin back to the Citizen's Militia of the Middle Ages.

In 1688, Louvois, Minister of War to King Louis XIV decided to re-enforce the Regular Army by raising units of Provincial Militia. This innovation was in fact only the revival of the ancient establishment which had never been entirely abolished. Although they had dropped into decline over the years, certain citizen forces in charge of watching over walled cities were still in existence. This was the case in a number of provincial border towns which had continued to levy militiamen from amongst its inhabitants when danger arose before sending them home when all went well.

Again in 1726, King Louis XV decided to re-activate no less than 100 battalions of Militia totalling 60 000 men, assigned by the drawing of lots. In 1771, these Militia battalions were renamed Provincial Troops but owing to the rare peaceful period which reigned over Europe they again became dormant in 1783.

Although the King ordered the calling up of twenty Provincial Regiments for a period of eight days in 1784, this was to be the ultimate effort of its kind before the breaking out of the Revolution five years later.

COSTUMES DE L'ARMÉE FRANÇAISE.

Garde Nationale. (Infanterie)

1815.	1816-27.	1830-45.	1845.	1830-45.	1830-45.
Empire.	Restauration.	Louis-Philippe.	Louis-Philippe.	Louis-Philippe.	Louis-Philippe.
(G.de Nat.le mobile.)	(Chasseur.)	(Sap Pomp. Banlieue.)	(Voltigeur.)	(Tambour de Gren.er)	(Sapeur-porte-hache.)

Garde Nationale (Infanterie)
(suite)

Paris a été le berceau de la Garde nationale française proprement dite. Le bruit du canon tiré contre la Bastille est pour toute la nation comme un appel et un ordre de convocation. Un arrêté de l'Assemblée Constituante du 13 juillet 1789 la mentionne sous l'ancien nom de Garde bourgeoise : c'est en quelque sorte son acte de naissance ; mais son nom est modifié presque aussitôt en Garde nationale.

La Garde nationale parisienne va se composer d'un bataillon pour chacun des 60 districts, soit 40.000 hommes, dont le premier Commandant général est La Fayette, héros de la guerre d'Indépendance américaine. Toutes les villes veulent imiter Paris et avoir sa Garde nationale. Chacune de ces gardes s'habille à sa façon. Aussi, après la fête de la Fédération du 14 juillet 1790, prescrit-on un uniforme général, tricolore, comme la cocarde qui ajoute le blanc, couleur de la monarchie, au rouge et au bleu, couleurs de la ville de Paris.

L'anarchie révolutionnaire de 1791 supprime définitivement les troupes provinciales et désorganise la Garde nationale qui, à la fin de l'année est envoyée en grande partie aux frontières, comme l'est La Fayette. En 1793, la Garde nationale est réduite à quelques mercenaires en sabots, coiffés du bonnet rouge, vêtus d'une carmagnole et armés d'une pique. Sous le Directoire, la Garde nationale est organisée, en principe, par canton sur tout le territoire. Bonaparte, devenu premier Consul, juge cette garde inefficace et la supprime.

Elle est reconstituée par Napoléon, en 1805, pour le maintien de l'ordre public à l'intérieur, la défense des frontières et celle des côtes, mais c'est surtout à partir de 1812 que la participation de la Garde nationale à l'effort de défense devient systématique. Avant de s'engager en Russie, l'empereur appelle à l'activité, 93.000 jeunes gens répartis en 88 cohortes qui vont se distinguer pendant la campagne de France, notamment à la Fère-Champenoise, en mars 1814. De même, après Waterloo l'année suivante, les jeunes gardes vont-ils continuer à défendre les places fortes que l'Empereur leur a confiées.

Maintenue pendant une partie de la Restauration, la Garde nationale est licenciée par Charles X en 1827. Elle reparaît pendant les journées révolutionnaires de juillet 1830 et sera rétablie officiellement en mars 1831 par Louis-Philippe, qui y incorpore toutes les compagnies de Sapeurs pompiers et la place sous l'autorité des maires, sous-préfets, préfets et du Ministère de l'Intérieur.

National Guard (Infantry)
(suite)

Paris was to be the birthplace of the French National Guard. The crash of cannon fire against the walls of the Bastille had sounded like a call to arms for the people. A decree of the Constituent Assembly dated 13th July 1789 stipulated the creation of a Parisian Citizens' Guard which soon became known as the National Guard.

The Parisian National Guard, originally 40 000 strong, was made up of 60 battalions raised in each one of the capital's districts. Its first commanding general was La Fayette, hero of the American War of Independence. Soon all main French towns wishing to imitate Paris raised their own National Guards. Initially, each of these Urban Guards dressed as it wished. But soon, after the « Fête de la Fédération » held on the 14th July 1790, first anniversary of the storming of the Bastille, all National Guard contingents were compelled to wear a tricolour uniform which, like the national cockade, included the white of the Monarchy and the blue and red traditional colours of the city of Paris.

The spirit of Revolutionary anarchy which prevailed in 1791 led to the definite disbandment of the Provincial Militias and the complete disorganization of the National Guard whose battalions, together with their leader Lafayette, were removed from Paris and the main towns in order to protect France's eastern borders from invasion. Thus, by 1793, the Urban National Guards had become an undisciplined mercenary mob wearing clogs and armed with pikes. Although re-organized, in principle, in all townships, by the Directory (1795-1799) the National Guard was done away with upon General Bonaparte's coming to power, since the latter, appointed First Consul, rightly considered it as totally inefficient.

However by 1805, Napoleon who had become Emperor changed his mind and re-established the National Guard in order to fulfil internal security duties and those of border and coast-guards. Furthermore, from 1812 onwards, National Guards were called upon to participate entirely in the Nation's territorial defence. Thus, before the opening of the Russian campaign, 93 000 young men were called up to form 88 National Guard « cohorts ». These men were to play an active and distinguished role during the invasion of France and more particularly so at the battle of La Fère-Champenoise in March 1814, Likewise, the following year, after Waterloo, these young citizen-soldiers continued to defend the fortified towns which the Emperor had entrusted them with.

Upheld during a part of the Restoration, the National Guard was disbanded by King Charles X of France in 1827.

National Guard units re-appeared during the short Revolution of July 1830 and were officially re-established by King Louis-Philippe in 1831. The latter, not only drafted into the National Guard all fire-fighting units but placed them under the direct hirarchical authority of Mayors, Prefects, Sub-Prefects and the « Minister of the Interior » (Home Secretary).

COSTUMES DE L'ARMÉE FRANÇAISE.
Garde nationale (Artillerie et Cavalerie)

1789 - 95 .	1812 - 15 .	1816 - 27 .	1830	1830 .	1843 .
Louis XVI & République.	Empire	Restauration.	Louis-Philippe	Louis-Philippe	Louis-Philippe
(Canonier volontaire)	(Canonier volontaire)	(Garde nationale à cheval)	(Artillerie 1ère Batterie)	(Garde Nationale à cheval)	

Chez Aubert & Cie Pl. de la Bourse

Imp. d'Aubert & Cie

Garde Nationale (Artillerie et Cavalerie)

C'est le 16 juillet 1789 qu'apparaît le terme de Garde nationale, nouvelle dénomination que se donne à elle-même la milice bourgeoise parisienne. Au cours de l'été 1791, 169 bataillons de volontaires sont mis sur pied pour la défense des frontières. Chaque bataillon comprend une compagnie de canonniers à 53 hommes servant deux pièces de canon et habillés, en raison de la pratique salissante de leurs fonctions, d'un uniforme entièrement bleu foncé, à passepoils écarlates. Ils sont coiffés d'un curieux casque en cuir bouilli à chenille jonquille.

A la fin du Premier Empire, un effort considérable est imposé au pays, à partir de 1812, pour mener la guerre sur deux fronts : Espagne d'une part, Russie, puis Saxe, puis France d'autre part. Cent légions du premier ban (célibataires et veufs sans enfants) sont mises sur pied. Chacune comprend une compagnie d'artilleurs.

Bien que ces légions soient destinées, en principe, à la garde des places fortes terrestres et maritimes, elles vont toutes participer à la défense du territoire national en 1814. Des compagnies d'artilleurs, bourgeois et ouvriers en uniforme, se distingueront notamment à Strasbourg, Fère-Champenoise et à la défense de la barrière de Clichy sous Moncey.

Le 8 juillet 1815, lorsque le comte d'Artois, futur Charles X, est confirmé dans ses prérogatives de Colonel-général des Gardes Nationales, son premier ordre est de faire disparaître toutes les cocardes tricolores du régime déchu.

Lorsqu'on lui fait remarquer que de toute façon l'uniforme de la Garde Nationale est lui-même tricolore depuis 1789, Artois prescrit de supprimer tous les attributs blancs de l'uniforme, lequel, à partir de cette date sera entièrement bleu à attributs écarlates. La Garde Nationale à cheval parisienne est coiffée du casque en acier, avec chenille noire.

Licenciée en 1827, la Garde Nationale est réorganisée en mai 1831 et comprend douze légions d'infanterie et une de cavalerie. Une garde à cheval peut être mise sur pied dans une commune ou un canton lorsque 10 gardes au moins s'engagent à s'équiper à leurs frais et à entretenir un cheval.

Après avoir porté jusqu'en 1833 un uniforme du modèle de celui des chasseurs à cheval, la garde à cheval va subir l'influence du rétablissement des régiments de lanciers à la mode polonaise, ce qui sera pour le moins inattendu, étant donné que la Garde Nationale ne sera jamais armée de la lance. La coiffure est le czapska bleu et l'habit-veste est remplacé par le kurtka polonais à épaulettes blanches.

National Guard (Artillery and Cavalry)

It was on the 16th July 1789 that the title of Natoinal Guard was first used. This was the new denomination which the former Parisian Citizen's Guard had given itself. During the summer of 1791 one-hundred and sixty-nine volunteer battalions were raised for the defence of France's borders. Each of these battalions included a company of gunners 53 men strong and handling two cannon. These artillerymen were clothed in dark blue uniforms, piped with scarlet, on which traces of gunpowder showed up less than on the white lapels of the infantry. Their head-dress was an odd looking leather helmet with a yellow crest.

Since 1812, and during the closing years of Napoleon' First Empire, a considerable effort was demanded from the French Nation in order to beat the potential Allied invaders simultaneously on two fronts : on the one hand, in the Spanish Peninsula and in the Pyrenées ; on the other hand, in the East, successfully in Russia, Germany and then in France itself. Thus, one hundred new « legions » from the First Reserve of the National Guard (bachelors and childless widowers) were raised in haste. Each of these legions included an artillery company.

Although, in principle, the duty of these troops was that of guarding both inland and maritime fortresses and fortified towns, they were in fact all called upon to defend the national territory in 1814. National Guard artillery companies and military workmen put up a good account of themselves both at Strasbourg and at La Fère-Champenoise but also during Marshal Moncey's gallant defence of the Clichy gate during the investment of Paris.

On 8 July 1815, when Count d'Artois, future King Charles X, was confirmed in his appointment as Colonel-General of the National Guards his first order, concerning the immediate removal from head-dress of all tricoloured cockades was aimed at abolishing the last traces of the former Napoleonic regime. When the future monarch was tactfully reminded that The National Guards' very uniform had been blue, white and red ever since 1789, he ordered the suppression of all white ornaments and accoutrements on this uniform. From then onwards, the National Guard's uniforms were to be entirely dark blue with scarlet facings. The Parisian National Guards cavalry regiments wore a steel dragoon-type helmet with black crest.

Entirely disbanded in 1827, for political reasons, the French National Guard was re-created, on a new basis, by King Louis-Philippe in 1831 to include twelve infantry and one cavalry legion. Even small towns or villages were granted permission to raise their own mounted unit on the condition that at least ten men were prepared to provide their own horse, saddlery, equipment and uniform !

After having worn until 1833 a uniform similar to that of the Chasseurs à cheval, the Parisian National Guard cavalry regiment was to be dressed in Polish type Lancer uniform which was a queer idea for a regiment, which had never, at any time, been issued with lances ! Furthermore, their head-dress was a czapska lancer cap and their former tunic was replaced by a Polish type « kurtka » jacket with white epaulettes.

COSTUMES DE L'ARMÉE FRANÇAISE.
Compagnies de discipline.

1818.	1818.	1824-30.	1843.	1843.	1843.
Fusiliers.	Pionniers	Fusiliers.	Fusiliers.	Pionniers.	Bons d'Infie Légère d'Afrique ou Zéphirs.

Chez Aubert Pl. de la Bourse 29.

Compagnies de Discipline

Les soldats qui, sans avoir commis de délits qui les rendent justiciables des conseils de guerre, persistent à porter le trouble dans leur régiment, en commettant des fautes que de simples peines disciplinaires ne peuvent plus réprimer, sont incorporés dans des compagnies organisées à cet effet, sous la dénomination de compagnies de discipline.

Ces compagnies sont créées dans l'armée française par une ordonnance de 1818, elles remplacent les anciens « bataillons coloniaux ». Elles se divisent en deux classes, l'une de fusiliers, l'autre de pionniers. Ces derniers vêtus de gris et qui ne sont jamais armés, sont des soldats assujettis à un traitement plus sévère. En revanche, les pionniers faisant preuve de bonne conduite, sont intégrés dans les fusiliers. Chaque compagnie de discipline est encadrée par cinq officiers et vingt-deux sous-officiers et gradés.

Les officiers, qui viennent de l'infanterie, sont désignés généralement parmi les très bons éléments.

Afin d'encourager le volontariat des sous-officiers et gradés, ceux-ci jouissent du traitement du grade supérieur et prennent effectivement ce grade à leur retour dans leur corps d'origine.

En 1835, la force totale des douze compagnies de discipline s'élève à 2650 hommes.

Les trois premiers bataillons d'infanterie légère d'Afrique qui sont créés en 1832 et 1833, sont composés d'hommes provenant des anciennes compagnies de discipline et des ateliers de condamnés. Ils sont encadrés par des officiers et des sous-officiers volontaires. Contrairement aux compagnies de discipline, ces bataillons d'Afrique, surnommés « Zéphyrs », « Joyeux » ou « Bat d'AF », sont de véritables unités combattantes. Ils participent à toutes les campagnes, en Algérie, au Maroc et en Tunisie, mais se distinguent surtout sous le Second Empire au Mexique, en Chine et même au Japon (raid en baie de Simonoseki en 1865). Ils vont combattre aussi dans les rangs de l'armée de la Loire en 1870-71 et participer glorieusement à la Grande Guerre de 1914-1918, où le 3ème bataillon gagnera la fourragère rouge de la Légion d'honneur.

Disciplinary Companies

Soldiers, who without having committed offences liable to send them before a court martial but who persisted in misbehaving within their regiment by repeatedly transgressing standing rules and regulations, were drafted into specially organized units known as Disciplinary Companies.

These companies were established in the French Army following a General Order of 1818 and replaced the former "Colonial Battalions". They were divided into two classes : riflemen and pioneers. The latter were dressed in grey and were never allowed to be armed. They were subjected to a harsher treatment. On the other hand, those pioneers who showed signs of good conduct could then be drafted back into the companies of riflemen. Each disciplinary company had five officers and twenty-two non commissioned officers.

The former were found by the infantry and were usually picked out from amongst the best.

In order to encourage non-commissioned officers into serving voluntarily in these special units, they were not only allotted pay corresponding to the rank superior to their own but were to be promoted on return to their former regiments.

In 1835, the total strength of the twelve Disciplinary Companies amounted to 2650 men.

The first three battalions of the "African Light Infantry" were raised in 1832 and 1833 and consisted of former members of the disciplinary companies and from penitentiary workshops. They also were officered by volunteers of various ranks. Contrarily to the disciplinary Companies these "African Battalions" nicknamed "Zephirs", "Joyous" or simply the "Bat d'Af", were first rate fighting units.

They took part in all the expeditions and campaigns in Algeria, Morocco and Tunisia and distinguished themselves during the Second Empire in Mexico, China and also in Japan, during the raid on Simonoseki Bay in 1865.

They were later to fight in the ranks of the Army of the Loire during the 1870-1871 Franco-Prussian War and also, over forty years later, in the Great War of 1914-1918 in which their 3rd Battalion won the rare distinction of being allowed to wear the scarlet lanyard of the Legion of Honour.

INDEX

Achevé d'imprimer en septembre 2000
par Clerc S.A. - 18200 Saint-Amant-Montrond